La collection Pêche est dirigée par Guy-Marie Renié
Dans la collection Pêche

1 – La pêche à la mouche
2 – La pêche des carnassiers
3 – La pêche de la truite
4 – La pêche à pied
5 – La pêche en bord de mer
6 – La pêche en surfcasting

En couverture : pêcheur en pleine action de « lancer dans la vague ».
En 4ᵉ de couverture : superbe bar pris en surfcasting, au mois d'août.

Ce livre a été imprimé par Oberthur Graphique à Rennes, France.
ISBN : 2.87901.510.3 – Éditeur : 1467.01.06.04.03

Alain Bastin

La pêche en surfcasting

ÉDITIONS SUD OUEST

Introduction

Les techniques utilisées par les pêcheurs de plage sont multiples et en constante évolution, depuis les premiers lancers à la fourche de coudrier d'avant-guerre ou le lancer à la main des pêcheurs marocains, jusqu'aux techniques les plus sophistiquées d'aujourd'hui, où elles deviennent sinon un art, en tout cas un sport de haut niveau. Il s'agit donc, on l'aura compris, de lancer *(to cast)* une ligne dans les vagues *(surf)* pour tenter d'un appât les poissons de nos côtes, quotidiennement battues par les flots et les vents. Le sable, dans sa fluidité naturelle, déforme les plages, créant des dunes, des plats, des excavations, des couloirs, des baïnes[1], autant d'irrégularités qui font que les plages ressemblent à tout sauf à une ligne droite. Ces différences morphologiques se compliquent d'une mouvance perpétuelle, d'un jour à l'autre, d'une marée à l'autre, qui fait de cet environnement particulier un espace meuble devant lequel le pêcheur sera en adaptation permanente. Des pointes rocheuses bretonnes aux grandes étendues plates de Manche ou de Méditerranée, aucun repère stable ne dure.

1. Pour les termes spécifiques, se reporter au glossaire p. 118.

La pêche en surfcasting n'est donc pas forcément une pêche de tout repos et exige un minimum de qualités physiques. Loin de l'image d'Épinal du pêcheur assis sur son transat, le chapeau sur l'oreille et le mégot aux lèvres, le pêcheur de surfcasting sera sans cesse en action, s'avançant dans la mer pour lancer, peinant pour récupérer, luttant contre des poissons qui peuvent atteindre de belles tailles, déplaçant son matériel en fonction de la montée des eaux poussées par la marée et, pour finir, escaladant au retour la dune, le poids du poisson venant alourdir son sac à dos…

Mais la pêche en surfcasting, c'est aussi la poésie : magie de la nuit parsemée d'étoiles sur des plages abandonnées des baigneurs, surfeurs et autres plaisanciers. C'est encore l'espace infini du ciel et de la mer, livré aux humbles pêcheurs que nous

Page de gauche
Le surfcasting est une pêche active, mais accessible à chaque personne en bonne forme physique.

sommes. C'est la joie partagée avec quelques amis – des instants de bonheur –, visages battus par une légère brise iodée, tous concentrés sur la pointe des scions, comme si la vie ne tenait que par ce fil ténu qui relie le pêcheur à l'Océan, et bientôt, au poisson !

La pêche en surfcasting, comme la pêche en général, ne repose que sur une connaissance empirique, sans cesse en évolution ; chaque sortie, chaque pêcheur venant apporter sa contribution à l'œuvre commune. Nous poserons ici les bases minimales à partir desquelles l'expérience permettra d'atteindre un certain niveau de maîtrise. Que ces quelques lignes vous permettent de préparer les vôtres…

Les bons postes

Les lieux de passage ou de station des différentes espèces sont les toutes premières informations que le pêcheur de surfcasting doit découvrir. Il saura ainsi où lancer ses lignes. De façon générale, le pêcheur de surf recherchera les profonds : couloirs, conches, bras de mer, baïnes… Mais il ne faudra pas hésiter à prospecter certains plats, des pointes de sable, des espaces entre les roches, selon le poisson recherché.

Le repérage et la reconnaissance des irrégularités des plages marines permettront de connaître le passage des poissons. Trop souvent, les pêcheurs négligent l'observation de la côte et, après une longue et pénible marche, trop contents de laisser là leurs sacs et leur barda, vont lancer leur ligne droit devant eux, sans se poser plus de questions. Le poisson, et le bar en particulier, n'est pas un animal qui se laisse porter au gré des courants et qui mangera ce que le flot voudra bien lui apporter. Ses déplacements ne sont jamais des promenades récréatives, mais une chasse permanente vers tout ce qui peut être consommé.

Les fonds changent très rapidement, au gré des marées et des coefficients, et sous les coups de boutoir des éléments par gros temps. C'est pour cela qu'une belle baïne qui nous avait valu de bonnes surprises tel jour se trouve réduite à un minus-

cule couloir quelques jours après ! Il est donc quasiment impossible de tirer des plans sans avoir appréhendé la découpe de la côte par marée basse et le jour même où l'on veut y jeter ses lignes. Et qu'il s'agisse d'un fond de baïne, d'une limite de couloir, d'un platin, d'un goulet ou d'un tombant, les résultats ne seront pas les mêmes.

Ainsi, avant de se lancer dans une pêche à l'aveuglette, prenons le temps d'observer les lieux, à marée basse, et plus particulièrement par forts coefficients, l'espace découvert étant plus large. Avec un peu de pratique, on pourra aussi obtenir quelques indications au plein de la mer, en observant les flots : la couleur de l'eau, la forme des vagues, leur façon de casser ou de s'étaler permettront de distinguer les hauts fonds, peu pêchant, et les creux où circulent plus facilement les poissons.

Le premier poste à explorer est le goulet d'entrée d'une baïne. On y lancera donc ses lignes, en reculant avec la marée et en se déplaçant vers le nord – vers le cul de baïne – en même temps que le flot. On cherchera à raser autant que possible le tombant du platin qui délimite la baïne à marée basse. Les jets à bonne distance sont souvent de rigueur pour atteindre ce point, mais il n'est pas toujours opportun de s'épuiser à battre des records de lancer, le poisson étant parfois à seulement quelques dizaines de mètres du bord. De nuit, cela se vérifie régulièrement, les touches se produisant parfois, dans l'explosion du dernier rouleau, à une trentaine de mètres du bord – ce qui correspond souvent à la limite extérieure du platin. D'autres fois encore, les touches sont enco-

À GAUCHE
Les pointes rocheuses sont toute l'année des postes très riches en poissons de nombreuses espèces.

À DROITE
Il est important de repérer les fonds à marée basse pour déterminer les tenues des poissons et donc, les bons postes.

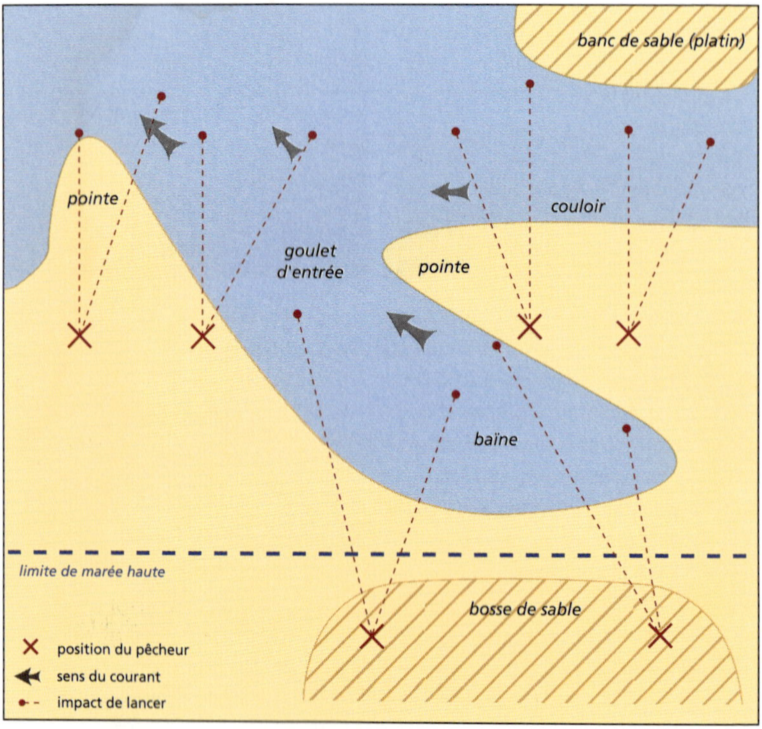

Positions du pêcheur autour de la baïne en fonction de la marée.

re plus proches, les poissons venant flâner près du bord dans une fin de couloir, à sec à marée basse.

On n'hésitera donc pas à explorer chacun de ces endroits, délaissant les grandes étendues plates qui se découvrent sur plusieurs centaines de mètres à marée basse. Il arrive toutefois que les baïnes les plus prometteuses soient vides. On recherchera alors les pointes qui vont se dessiner avec le reflux (marée descendante) de la marée, les meilleures étant celles qui séparent deux baïnes. Il ne faudra alors pas hésiter à planter trois cannes : une face à la pointe, une dans le goulet d'entrée de la baïne de droite (nord) et une au-delà du platin de la baïne de gauche (sud).

Au fur et à mesure de la montée des eaux, le pêcheur devra se déplacer du sud vers le nord. En effet, plus l'eau monte et recouvre l'estran (l'espace découvert à marée basse) et plus les poissons se rapprochent, suivant les profonds, à la recherche de la nourriture que les vagues vont défouir (vers, lançons, crustacés, puces de sable…). Si, à marée basse, on vise la pointe et le goulet d'entrée de la baïne, à mi-marée, les lignes suivront le tombant du platin et, à marée haute, on pêchera quasiment en cul de baïne et sur la partie la plus élevée du platin. Ces déplacements devront s'effectuer dès que les touches commencent à se raréfier, indiquant le déplacement des bancs de poissons. Enfin, quand après quelques heures de pêche au montant, aucune touche ne s'est signalée, si les crabes nettoient régulièrement les hameçons, il ne faut pas hésiter à se déplacer vers la prochaine baïne, où la différence peut se faire immédiatement sentir.

Attention : la prudence doit être permanente, surtout en pêche de nuit. C'est ainsi qu'il est arrivé à un de mes amis, par une nuit sans lune et un ciel couvert, alors que la mer était plate, sans aucune vague, de perdre ses repères. Pêchant sur le platin, son matériel plié, il a hésité un bon moment avant de choisir la bonne direction pour rentrer. Isolé sur une île de sable, entourée d'une hauteur d'eau qui ne cessait de monter, il fallait faire un choix immédiatement. Sa longue expérience lui a permis de regagner la plage en traversant le couloir de baïne où l'eau lui arrivait déjà à la taille. Mais si les courants avaient été plus forts ou la baïne plus profonde, il ne lui restait plus que la nage et l'abandon de son matériel… à condition d'avoir choisi la bonne direction ! Il faut donc rester prudent… Mais, quoi qu'il arrive, si par mégarde vous vous retrouvez dans la même situation, cherchez en tâtonnant la remontée des fonds, ou le platin généralement orienté sud-ouest/nord-est. Dès que vous sentez le fond augmenter, changez de direction. Enfin, et pour qu'une telle mésaventure ne se produise pas, évitez de pêcher seul et laissez un repère réfléchissant planté sur la plage. Un simple piquet cerclé de deux ou trois tours d'adhésif réfléchissant sera suffisant et facilement repérable d'un coup de lampe.

Les bonnes périodes

On l'a vu, le choix d'un poste se complexifie avec les mouvements perpétuels des eaux et la transformation biquotidienne du littoral. Il n'y a jamais de poste définitif. Mais si l'on doit s'adapter aux lieux, on doit tout autant s'adapter aux différentes conditions qui sont à l'origine de ces changements. Plusieurs variables sont à prendre en compte : la saison, bien sûr, qui déterminera les espèces de passage ; les conditions atmosphériques avec lesquelles il faudra composer ; mais aussi, la position de la lune, dont les effets sur la pêche sont maintenant indiscutables depuis Knight[2], tout autant que sur les marées et leurs coefficients avec les déplacements d'eau qu'ils entraînent.

2. Voir glossaire p. 120.

La pêche à marée montante est une pêche d'attente moins éprouvante physiquement qu'à marée descendante.

Les marées

La marée, c'est le mouvement biquotidien des eaux de l'Océan et de toutes les mers, qui fait qu'à un moment l'eau monte (marée montante, ou flot), se stabilise à un niveau (marée haute, ou étale de pleine mer), puis descend (marée descendante, ou jusant) pour se stabiliser à un autre niveau (marée basse, ou étale de basse mer). La stabilité des étales ne dure que quelques dizaines de minutes. Les amoureux des pêches en bord de mer, et particulièrement du surfcasting, trouvent la source de leur passion dans ce mouvement, pêchant dans des éléments en transformation incessante, ce qui suppose des pêches actives, loin des pêches d'attente en eau douce.

La pêche à marée montante

Certains pêcheurs considèrent que c'est le seul moment favorable pour la pêche en surfcasting, comme si le poisson suivait systématiquement le mouvement des eaux. Il est bien évident qu'un endroit à sec à marée basse sera plus productif quand il sera recouvert par deux mètres d'eau ! Mais de là à dire que dès l'étale de haute mer on peut plier son matériel et rentrer, rien n'est moins évident. Pêcher à marée montante est en fait plus confortable. La ligne lancée et eschée d'un appât résistant peut rester plusieurs heures en pêche sans que le pêcheur n'intervienne sinon pour reculer sa canne et la planter plus en amont de la marée. D'autre part, c'est le moment où les poissons entrent dans les baïnes, suivant les couloirs, à la recherche de la nourriture qui se dégage du sable remué par les eaux. Et un coucher du soleil coïncidant avec un début de montant reste l'idéal pour le surfcasting. Pourtant, il arrive qu'aucune touche ne se produise au montant et que le poisson ne commence à mordre qu'aux premières heures du descendant.

La pêche à marée descendante

Ce moment de la marée est généralement décrit, en accord avec l'idée exprimée plus haut : l'eau recule et le poisson repart au large. En fait, tout dépend des lieux. Un fond de baïne ne sera guère productif dès que la marée se met à recule; en revanche, le goulet d'entrée ou un couloir longeant un tombant peuvent abriter les poissons toute une nuit, s'il reste suffisamment d'eau. Tout est question de nourriture et si le poisson – bien plus au fait du mouvement des eaux que le pêcheur – trouve ce qu'il recherche, il y a peu de raison qu'il change de place, pourvu que l'endroit reste couvert par suffisamment d'eau. La pêche à marée descendante peut être parfois tout aussi, sinon plus productive qu'au montant. La difficulté, surtout par grande marée, consiste à remonter régulièrement sa ligne pour avancer avec l'eau qui se retire parfois très loin.

La pêche à l'étale de basse mer

C'est quelquefois le moment de la marée à ne pas manquer, en particulier par forts coefficients. La plage découverte permet de repérer les lieux et de lancer sa ligne là où les profonds sont les plus marqués. C'est souvent le seul moment où une fosse lointaine peut être accessible. Dans ces cas-là, la pêche se fait une à deux heures avant et après l'étale de basse mer.

La pêche à l'étale de haute mer

Là, les fonds sont recouverts par les eaux et il devient difficile de distinguer tel ou tel passage potentiel de poisson. Mais, et en particulier la nuit, c'est le moment où les poissons circulent tout le long de la côte et peuvent être pris n'importe où. La pêche est cependant souvent brève, car dès le tournant de la marée, les poissons fuient le bord pour regagner les profonds qui leur assurent une retraite vers le large.

Comment dire que tel moment est meilleur qu'un autre? Tout dépendra des lieux, de la saison, du moment de la journée... et de l'humeur des poissons. Parfois, seules les étales seront productives, à d'autres moments, ce sera en plein courant, à mi-montant ou mi-descendant, etc. Aucune règle absolue en ce domaine. On peut simplement résumer le choix

aux préférences du pêcheur qui se fatiguera moins en pêchant autour des étales ou au montant qu'en plein descendant. Se pose toutefois la question des courants. Il arrive que les flots portent des multitudes d'algues et d'herbes marines, vestiges des coups de temps plus au large. Et souvent le montant sera plus difficile à pêcher du fait du rapprochement vers le bord de ces masses vertes qui s'agglutinent sur le fil. Le choix de la période de pêche se fera donc plus en fonction des souhaits de confort du pêcheur, que d'une présence potentielle des poissons qui reste toujours très variable.

Les petits turbots sont des prises fréquentes par mer calme. Ils doivent être remis aussitôt dans leur élément.

Les conditions météo et l'état de la mer

Vagues poussées par la houle du large, elle-même alimentée par les vents: les espaces marins sont bouleversés, agités, violents parfois et il faut leur faire face avec un matériel et des techniques adaptés. Le terme de combat n'est pas exagéré tant cette pêche nécessite d'efforts physiques. Voyons cela du plus facile au plus difficile.

La pêche par mer plate

L'Océan sans les vagues, c'est un peu comme la forêt sans les arbres, et pêcher en surfcasting sur une mer lisse comme un miroir ne peut plus relever que de loin de cette appellation, tant les techniques appropriées en sont différentes. Les poissons rencontrés par mer belle sont différents de ceux qu'on pêche habituellement dans les rouleaux. Plusieurs fois dans l'année, quelle que soit la saison, il arrive que les anticyclones dominent l'atmosphère pendant des semaines. Les vents tombent, la houle descend en dessous de 1 m et la mer devient une étendue aussi lisse qu'un lac de montagne avec, seul, un petit rouleau poussif qui nous rappelle que nous sommes au bord de la mer. Nous nous intéresserons ici essentiellement aux poissons plats qui sont le commun des mers tranquilles, et qu'on aura le plus de chance de trouver par houle inférieure ou égale à 50 cm.

Page de gauche
Pêche à l'étale de basse mer: souvent, les prises ne se font qu'à cet instant.

Espèces	Postes	Appâts	Marées	Houle	Coef.
ANGUILLE	plateaux à fond sablo-vaseux, estuaires	vers	étales	faible	35 à 60
BAR FRANC	vagues, chenaux, estuaires, ports	lançons, chipirons, casserons, vers	montant, descendant	1 à 3 m	75 à 120
BAR MOUCHETÉ	vagues	lançons, coques, chipirons	montant, étales	1 à 3 m	50 à 110
CONGRE	rochers, digues, épaves	sardines, seiches	tout moment	faible	35 à 60
DORADE GRISE	couloirs sabloneux, épaves	arénicoles, chipirons, pestiches	tout moment	1 à 2 m	tous
DORADE ROYALE	parcs ostréicoles, chenaux, rochers couverts de moules, piliers de jetées	vers à tube, crabes, pestiches, machottes	montant, étales	1 à 2 m	tous
LIEU	rochers, chenaux	lançons	descendant	1 à 2 m	tous
RAIE	chenaux à fond sableux	athérines, lançons, seiches	montant	faible	25 à 60
SAR	vagues, rochers	vers, chipirons	tout moment	1 à 3 m	tous
SOLE	vagues, chenaux sableux	pestiches, vers bleus, arénicoles	montant, étales	1 à 2 m	tous

Les poissons du surfcasting : meilleurs postes et meilleurs moments.

LA PÊCHE DES PETITS PLATS (soles, plies, carrelets, limandes, etc.)

Avec des conditions – rares, il est vrai– de calme extrême telles celles décrites plus haut, on va pouvoir enfin pêcher léger. On pêchera plus régulièrement avec un grappin de 125 g qu'avec un Arlesey de 50 g mais quand l'occasion se présente, il ne faut pas manquer de s'essayer à des pêches non traditionnelles, moins éprouvantes physiquement et qui offrent une plus grande sportivité.

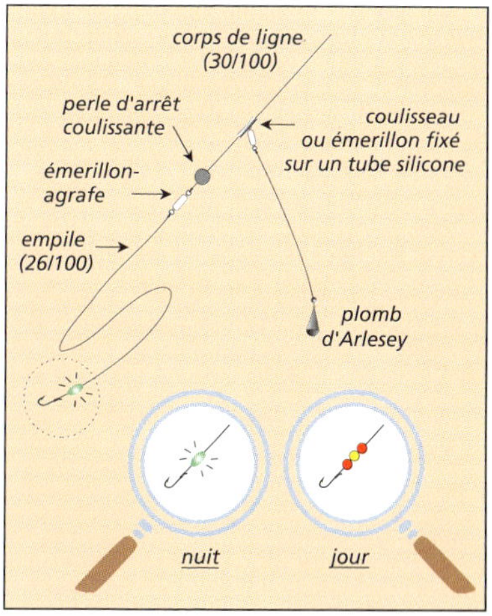

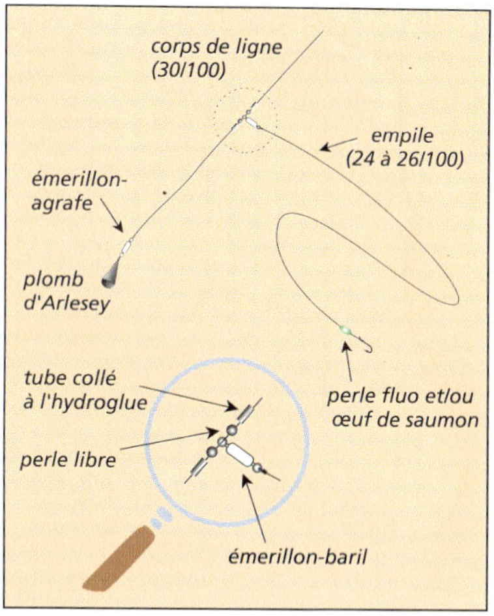

À GAUCHE
Montage coulissant pour petits plats.

À DROITE
Montage en dérivation fixe pour petits plats.

Le matériel. Il sera en proportion. Les cannes dites « de surfcasting » resteront au râtelier et on préférera les cannes plus légères, habituellement réservées aux pêches de jetées ou aux leurres : cannes à buldo, à soutenir… d'une puissance de 80 à 120 g. Les moulinets de surf léger ou de lancer de leurres à tambour fixe auront une contenance minimum de 300 m de 26 à 30/100 en monofilament, 12 à 18/100 pour une tresse, sections largement suffisantes pour ce type de pêche. Pêchant avec 50 à 70 g de plombée, on se passera d'arraché. Attention toutefois à l'usure du fil sur le fond qui mérite un renouvellement après chaque sortie. Le plomb (montre, palangre, Arlesey…) sera directement fixé sur le corps de ligne par un émerillon-agrafe, en pêchant en dérivation fixe. En pêchant au coulissant – là encore, les mers belles nous le permettent – l'empile sera attachée sur le même émerillon, en continu. Derrière celui-ci, une attache coulissante viendra butter contre une perle terminale et permettra la fixation et le changement rapide de la plombée. Une perle buttant contre un nœud d'arrêt, 2 m plus haut, viendra bloquer la remontée de l'empile. Les bas de ligne seront exclusivement des traînards. C'est dans ces conditions de calme absolu qu'ils justifient le mieux leur utilisation. Ils n'offrent aucun risque d'emmêlement et laissent l'esche à bonne distance du point d'attache de l'empile, permettant un engamage plus facile pour le poisson. Plus la mer est calme et moins les poissons semblent pressés de se jeter sur les appâts : ils prennent le temps de les déguster et… de les recracher en cas de doute. L'empile sera donc d'une bonne longueur, d'un minimum de 1,50 m et jusqu'à 3 m. La section doit être discrète et donc fine (22 à 26/100) et les hameçons seront de taille moyenne (n° 2 à 1/0), fins de fer et à tige longue, surtout en pêchant au ver, l'appât de prédilection des plats. Une ou deux perles fluorescentes rendront l'appât plus séduisant, les plats, et les soles en particulier, étant très sensibles aux colifichets brillants et colorés qui terminent les bas de ligne.

Les appâts. Recherchant soles et plies, on choisira de préférence les vers. Les ophélies, bien sûr (qu'on ne retrouve sur les plages qu'à partir du printemps), mais aussi les arénicoles, l'un des meilleurs vers pour la sole, quand elles commencent à tourner. La sole ne dédaigne pas non plus les vers d'importation, surtout jumbos et demi-dures, et, dans une moindre mesure, les cordelles. Les autres vers, néréides rouges et blanches, plus régulières en Manche que sur la façade atlantique, les pistiches et autres vers à tube paraissent des esches moins prisées par nos poissons plats. Enfin, les lançons offriront souvent des mets de choix, surtout pour les poissons de belle taille.

La technique. Profitons de ces pêches légères pour être actif. Le défaut habituel du pêcheur de surf, après s'être épuisé de longues minutes à marcher jusqu'au « coin » qu'il estime le meilleur, consiste à poser là son barda, à monter ses lignes, les lancer et… attendre, parfois longtemps avant que la touche se produise, si elle se produit. Alors que 50 m plus loin…

Il faudra donc prospecter différents points, quitte à ne mobiliser qu'une seule canne, les deux autres restant en pêche là où on aura estimé que les plats se tiennent. La sole est sensible aux mouvements et une esche mobile sera plus prenante. En l'absence de courant et de vagues, l'appât se figera dans une immobilité absolue. Il paraît donc plus judi-

cieux de le rendre attractif en le ramenant par petites tirées régulières, le frottement du plomb sur le sable créant un nuage de sable qui va intriguer notre poisson et susciter son approche. Ce qui suppose de garder la canne en main jusqu'à la touche. Canne posée, la touche est assez discrète. Une ou deux tapées du scion, puis l'immobilité définitive risquent de laisser une prise plusieurs heures dans l'eau, si on ne l'a pas perçue à la touche. Une fois l'esche engamée, la sole s'enfouit dans le sable et ne bouge plus jusqu'à ce qu'on ramène la ligne. La plupart du temps, la sole ou la plie ont engamé profondément et le dégorgeoir sera nécessaire. Les poissons plats, et les soles en particulier, restent peu de temps sur une même zone, sauf en période de frai, en mai et juin.

Par mer calme, on recherche de préférence les poissons plats : soles, raies…

La pêche des raies

Les raies sont des poissons de taille bien plus impressionnante que celle des soles ou des plies. Hormis les quelques maigres qui se piquent autour de l'été entre Royan et Hossegor, ce sont les derniers beaux poissons à prendre de nos

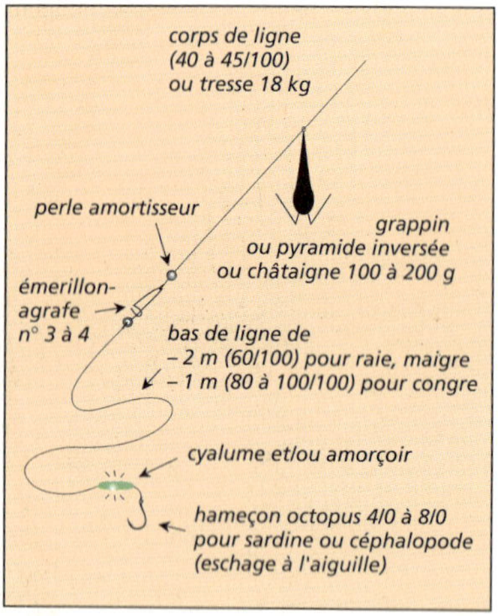

Montage coulissant pour gros poissons.

jours sur les plages atlantiques. Terres et pastenagues peuvent dépasser fréquemment les 30 kg et restent des poissons d'émotion pour les pêcheurs de surf. On ne pourra donc s'y confronter qu'avec un matériel suffisant.

Le matériel. Face à la sensibilité de ces poissons cartilagineux, on utilisera de longs traînards présentés sur des montages coulissants. Leur combativité implique cependant du matériel à toute épreuve. Les cannes de surf habituelles seront donc à l'honneur, mais on préférera les modèles les plus souples permettant de percevoir les touches sans trop effrayer la raie qui se sera laissée tenter par votre appât. Compromis entre souplesse et combativité, il faut compter sur un matériel léger, d'excellente tenue et très puissant. On ne lésinera pas sur les moulinets qui seront mis à rude épreuve. Une bobine à grande contenance réservant 400 m de 45/100 permettra de suivre et de contrôler les rushes fulgurants de ces raies sportives. La subtilité dans le choix du fil importe moins quand on recherche ces grands poissons et qu'on utilise des appâts volumineux. Une certaine finesse s'impose malgré tout, plus dans les montages que dans la section des fils utilisés. On emploiera toujours de longs traînards en 50/100 terminés par un hameçon de 4/0 à 6/0. On pêchera essentiellement au coulissant et la plombée sera fonction du courant (plomb coulissant à ergots, montre, grappin) et son poids sera déterminé de façon à permettre à l'appât de rester en place.

Page de droite
Les raies – poissons plats, parfois de belle taille – sont des habituées des mers calmes.

Les appâts. Les raies sont carnassières et on les pêchera avec des appâts de taille suffisante pour satisfaire leur appétit : casserons, encornets, blancs de seiche, sardines, lançons, athérines… Malgré leur petite bouche, elles n'hésiteront pas à se jeter sur un poisson qu'on n'aurait jamais osé utiliser comme vif.

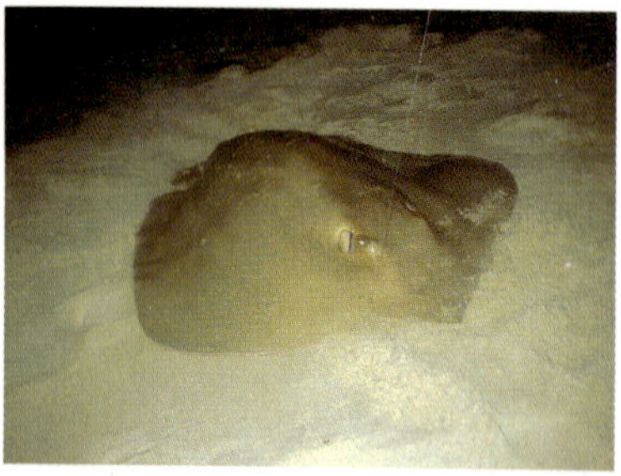

À gauche
Une raie terre de 30 kg, la queue sectionnée par un précédent pêcheur.

À droite
Prise d'une raie bouclée qui, épuisée, se rend aux pieds du pêcheur.

La technique. Il s'agit vraiment là d'une pêche d'attente. Les lignes mises à l'eau, il faut patienter jusqu'à la touche. Les choses peuvent être différentes selon qu'il s'agit d'une raie bouclée ou d'une raie terre ou pastenague. Si cette dernière a tendance à se jeter sur l'appât et à filer vers le large d'un mouvement puissant et rapide, la bouclée est plus timide. La touche se manifeste par de légères oscillations de la pointe du scion, régulières et sans à-coups. Surtout ne pas ferrer à ce moment-là ! Attendez que la raie perçoive la piqûre de l'hameçon. À cet instant, elle va réagir violemment et piquer un ou deux rushes qui vont secouer votre matériel. Un frein bien réglé est donc indispensable si on ne veut pas voir sa ligne se briser immédiatement ou, pire, voir partir sa canne vers le large… En fait, la raie repère l'appât, souvent un poissonnet, elle le recouvre de ses ailes et le plaque sur le fond, gesticulant jusqu'à ce que celui-ci se trouve à proximité de sa bouche. Ce sont ces mouvements qui expliquent les tirées légères sur le scion. Dès qu'elle engame et qu'elle commence à avaler le poisson, la piqûre de l'hameçon va se faire sentir et la raie va se débattre et chercher à fuir ce lieu de souffrance. Il ne faudra ferrer qu'à cet instant, main bloquant la bobine, qu'on relâche aussitôt pour permettre au poisson de prendre du fil. Un long combat commence alors, aussi long que le poisson est lourd et qui peut durer plusieurs heures. Un de mes amis pêcheurs, après 1 h 30 de combat avec un tel poisson, qui lui prenait 50 m de fil à chaque tirée, et qu'il n'arrivait pas à décoller du fond, a fini, épuisé, par sectionner le corps de ligne.

Tout le monde n'a pas la patience d'un pêcheur de marlin et, en pêchant du bord, les choses sont parfois plus compliquées.

La pêche par mer agitée

On entendra par mer agitée les différents états entre la mer d'huile précédemment présentée et la mer forte que nous verrons plus loin. On se retrouve ici devant les conditions idéales: un mouvement régulier des rouleaux qui brisent gentiment, un léger courant, une houle comprise entre 1 et 1,50 m, peu de vent... Ces conditions sont celles où tout reste possible, du bar le plus courant jusqu'au mythique maigre, en passant par les sars, daurades, marbrés, turbots, soles... Disposer de ces conditions en octobre ou novembre, c'est s'assurer de magnifiques paniers chaque soir ! Une mer légèrement formée maintient en effet un niveau d'oxygénation des eaux suffisant, tout en évitant de trop violents bouleversements qui peuvent effrayer certaines espèces. La difficulté pour le pêcheur reste de trouver le montage idéal: on abandonnera les montages trop légers indiqués plus haut et inadaptés dès que le courant force quelque peu et que les vagues se forment. On ne pourra pas se contenter des montages grossiers des mers fortes. Il y a donc un équilibre à trouver, permettant de jouer sur la finesse et la légèreté, tout en maintenant la ligne en action de pêche. C'est alors que le matériel de base pour surfcasting révèle ses possibilités.

Nous n'aborderons pas ici les pêches spécifiques des multiples espèces que l'on peut rencontrer par mer agitée et nous verrons plus loin comment se donner un maximum de chances de réussir une belle pêche de bars, de daurades et de gros poissons (voir le détail pour chaque poisson au chapitre « Les saisons et leurs pêches », p. 32). Nous nous contenterons donc d'évoquer la pêche des turbots, magnifiques poissons plats que l'on rencontre dans ces conditions idéales.

La pêche par mer agitée offre les conditions idéales, celles où le matériel de surfcasting révèle ses possibilités.

La pêche des turbots

Le matériel. Avec des mers blanchissantes et des rouleaux formés, des cannes d'une longueur d'au moins 4,50 m s'imposent, pour éloigner le fil qui va jouer dans les vagues. On choisira des modèles à action de pointe pour mieux percevoir les touches, et de préférence en carbone pour pêcher léger et de façon plus confortable. Un moulinet de surf, dit « milourd », sera suffisant dès l'instant où la bobine contient un minimum de 300 m en 40/100. Mais on pêchera avec des sections inférieures : entre 28 et 35/100, terminant le corps de ligne par un arraché en 50 à 70/100 pour pouvoir gagner en distance de lancer. Les turbots que nous pouvons prendre en surfcasting restent en général des poissons de taille modeste (3 à 4 lbs – livres – étant des maxima), bien qu'une surprise reste toujours possible. Particulièrement goinfres, les turbots, comme aujourd'hui la plupart des poissons de nos côtes, sont néanmoins méfiants. Là encore, la finesse est de règle. Les montages dépendront du type d'appât utilisé, mais la section des empiles ne dépassera pas 35/100, avec des esches

de type morceaux de poissons (maquereaux, orphies, sardines...), 26/100 avec des lançons.

Les appâts. Le turbot est un chasseur qui se nourrit essentiellement d'autres poissons, en particulier de poissons gras comme les harengs, les sardines, les maquereaux, les orphies... qu'il traque au large et les lançons, de loin leurs victimes préférées qu'ils pourchassent dans les profonds des baïnes, à proximité du bord. S'il n'est pas toujours aisé de se procurer des lançons, sauf à s'adresser aux pêcheurs locaux, l'étal des poissonniers offre un éventail de choix suffisant. Les montages pour escher des morceaux de poissons seront mixtes : en haut une empile de 1 m en 35/100 terminée par deux hameçons n° 1 à 2/0 (languette d'orphie), montés en stewart, et, en bas, un traînard de 1,50 m en 35/100, avec un hameçon n° 2/0 (morceau de maquereau). Si l'on pêche au lançon, un baladeur de 1,50 à 2 m en 35/100, fixé à 2 m au-dessus du plomb et terminé par un montage stewart à deux hameçons n° 1, fins de fer. Le turbot ne dédaigne pas non plus les petites languettes de céphalopodes (encornets

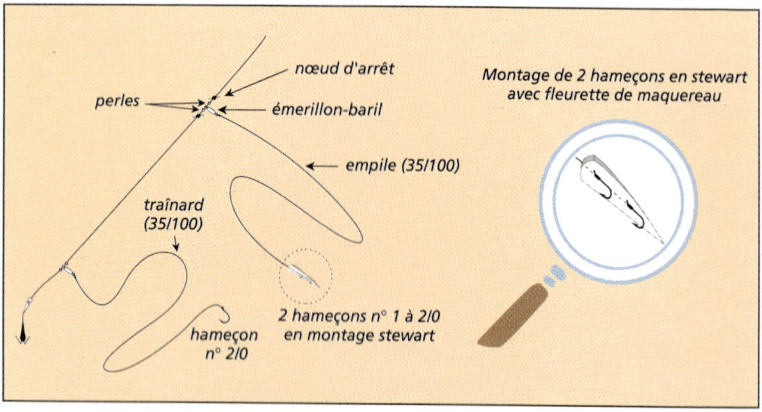

Montage mixte pour le turbot.

en particulier) qu'on présentera sur de petits avançons terminés par des hameçons n° 1/0 à palette et tige courte.

La technique. Celle-ci est la même quel que soit le poisson recherché, turbot, bar ou autre… À marée basse, de préférence dans les profonds, on pêchera à la calée, reculant la canne avec la marée montante. La touche se signale par des tapes sur le scion et, si c'est un turbot qui a mordu, il y a toutes les chances qu'il se soit pris, par autoferrage sur le plomb et un engamage profond.

La pêche par mer forte

Le pêcheur de surf ne prendra jamais autant de plaisir que par nuit calme, sous un plafond d'étoiles, face à une mer régulière qui se brise sur la côte en trois rouleaux tranquilles, venant effleurer légèrement ses bottes de quelques étincelles de plancton fluorescent. Mais ces conditions idéales restent rares et s'il fallait attendre de les rencontrer pour aller pêcher, on ne sortirait pas souvent… Il en est d'ailleurs parmi nous qui, contrairement à la plupart, ne préparent leur matériel que lorsque le vent est annoncé, soufflant de l'ouest avec une force 5 au minimum. Il est vrai qu'à certaines périodes, en automne en particulier, les meilleures pêches peuvent se faire dans de telles conditions. Il nous est arrivé plusieurs fois, alors que nos grappins de 200 g ne restent pas en place plus de 5 min, entraînés par le courant et les herbes marines dérivant, de réussir quelques beaux paniers.

Le turbot a une faculté de mimétisme très développée qui l'amène à se confondre avec le fond pour échapper aux prédateurs.

Les pêches aux leurres

La pêche au lancer en bord de mer, avec cuiller, Raglou, Big big et autres leurres artificiels reste pour un certain nombre d'entre nous la seule technique digne de revendiquer l'appellation de surfcasting. Nous ne nous attarderons pas sur cette compétition sémantique, considérant que dès qu'il s'agit de lancer une ligne dans la vague, qu'elle soit appâtée ou dotée d'un leurre artificiel, nous partageons le même domaine. Quoi qu'il en soit, il est des conditions où la seule pêche possible reste la pêche aux leurres. Et encore, quand la vague vient secouer violemment les tombants de baïnes, seule la pêche à la cuiller peut encore se pratiquer. De simples Yann ou Flashmer, d'un poids suffisant (entre 80 et 250 g), permettant de lancer à travers les rafales violentes d'un vent de face, sont parfois les seuls outils efficaces pour pêcher en pleine tempête.

Les lignes posées ne tiennent pas, emportées par les masses d'algues qui s'agglutinent sur le fil, alors qu'une ligne lancée reste pêchante, le temps de la ramener… avec quelquefois la bonne surprise d'un joli bar bagarrant dans l'écume. C'est ainsi qu'un après-midi d'octobre, alors que nous avions tous ramené nos lignes, nous vîmes un pêcheur remontant la côte, sa canne dans une main, et dans l'autre, une belle loubine de 5 kg. Celui-là avait tout compris, dès qu'il eut mis un pied sur la plage. La mer ne permettait pas de lancer un bas de ligne plombé sans que le montage ne revienne à nos pieds dans les 2 min. Il abandonna donc son matériel lourd et se contenta d'une seule canne et des deux cuillers qui traînaient au fond de son sac. Deux heures de lancer et, enfin, un choc dans le bras, une touche fulgurante et un départ vers le large, vite bridé. Après quelques minutes, le poisson venait s'échouer à ses pieds. Ce fut la seule prise de l'après-midi, mais quelle prise !

Pages suivantes
Pêcher par mer forte demande de la prudence et une bonne condition physique.

Une mer agitée offre une occasion idéale de tenter le bar qui recherche sa nourriture dans les brisants.

Les poissons de mer forte, appâts et montages

Certains poissons ne se prennent que par mer belle, c'est-à-dire simplement agitée d'un clapot alimenté par des vents de force 3 maximum. Nous l'avons vu avec les plats, mais c'est aussi le cas des dorades grises, marbrés, daurades royales... Les bars en revanche, francs ou mouchetés, mais aussi les turbots, les sars... ne dédaignent pas des eaux plus oxygénées, bien battues par les flots. Et il semble que si certains poissons ont tendance à regagner le large dès que la houle augmente, ces derniers se rapprocheraient plutôt du bord dans de telles conditions. Le poisson qu'on pourra toucher le plus régulièrement par mer forte reste le bar qui recherche avant tout des eaux bien oxygénées. Sauf, peut-être, quand sur des fonds de faible profondeur, le sable se mêle à l'eau de telle façon que les vagues prennent cette teinte ocre qui laisse augurer la bredouille. L'idéal serait de pouvoir lancer au-delà, mais bien souvent dans ces moments-là, le vent est tel que des lancers à cette distance sont impossibles.

Pêchant par mer forte, on pêchera solide. Le lest minimum avoisinera les 150 g (200 g étant souvent insuffisants) et les bas de ligne resteront grossiers. Montage en potence à deux ou trois hameçons montés sur des avançons d'une dizaine de centimètres de long. Plus long entraînerait immanquablement des pelotes sans aucun attrait. Corps de ligne en 40/100, arraché en 70/100 et avançons en 45/100. Les appâts seront en proportion, belles arénicoles, mais surtout casserons et languettes de seiches, les seules suffisamment résistantes au brassage des flots, montées sur des 5/0 à œillet. Les touches seront rares et difficiles à percevoir, le scion restant agité en permanence par le battement des vagues et les bourrasques mais, quand elles se produiront, une belle prise est probable. Le long de nos côtes, dès que la houle dépasse 2 m, le courant s'accélère, et encore plus par gros coefficient, ne permettant à aucun grappin de rester en place... ou alors, les mouvements des eaux sont tels que lesdits grappins s'ensablent à toute vitesse et que la récupération devient alors impossible.

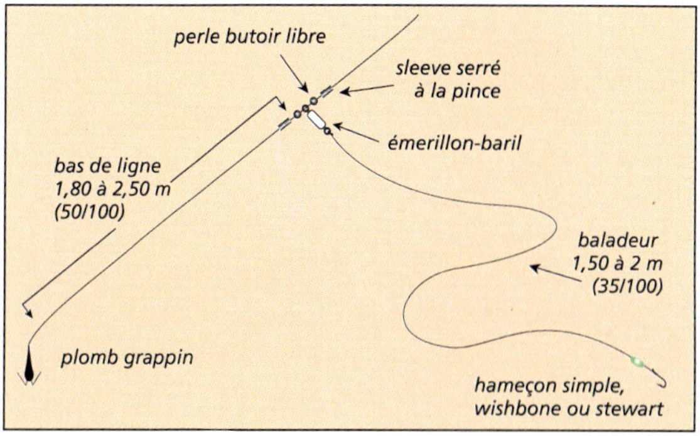

Montage en baladeur ou ascenseur.

Il vaut donc mieux commencer par prospecter les fonds à marée basse et repérer les couloirs, les goulets, les mares, les ruissellements… autant d'indicateurs pour prévoir le passage des poissons dès la marée montée. Ces endroits, souvent à sec quand la marée s'est retirée, se trouvent à seulement quelques mètres du pêcheur au montant. Il ne faudra donc pas hésiter à lancer sa ligne à quelquefois moins de 10 m de l'endroit où est plantée la canne. Les touches ne commenceront quelquefois qu'à cette distance, alors que les lignes lancées plus loin resteront totalement immobiles. Le problème des mers fortes reste ce brassage violent des eaux, dont les mouvements changent selon la configuration des fonds. Les sables se mêlent aux eaux agitées, recouvrant rapidement le lest et le bloquant au fond. Plus la mer est forte, plus les courants sont sensibles, plus la plombée doit être lourde pour empêcher la dérive de la ligne, et plus il est difficile de dégager un plomb ensablé. Les platins, ces hauts-fonds sableux sur lesquels viennent se briser les déferlantes, sont les zones qui doivent systématiquement être prospectées même si, comme certains tombants à pente abrupte, elles offrent des risques maximum d'ensablement. La solution reste, pour ces cas, de pêcher à plomb perdu, c'est-à-dire faire précéder le lest d'un fil d'un diamètre inférieur à celui du bas de ligne et du corps de ligne. Attention toutefois : un arraché n'ayant là plus aucun sens, à ne pas trop appuyer les lancers, au risque de voir le seul plomb fendre les airs et les appâts retomber mollement à ses pieds !

Pages suivantes
Pêche par mer forte depuis un promontoire rocheux.

Les saisons et leur pêche

Les pêches de printemps

Le printemps, s'il ramène avec lui un certain adoucissement du climat, vient clôturer la saison d'hiver par quelques frasques avec lesquelles il faudra composer. Les fameuses giboulées de mars, les fortes marées d'équinoxes, sont autant de contraintes pour le pêcheur de surfcasting qui vont l'amener à se rapprocher de lieux moins agités tels que les embouchures, les conches, les canaux, et toute autre zone abritée des vents d'ouest. Rien n'empêche, quand les conditions le permettent, de lancer ses lignes dans les rouleaux, mais, comme on l'a vu, les bars risquent d'être rares, les turbots et les soles sont encore timides, les dorades commencent tout juste leur remontée des grands fonds. En revanche, selon les zones, les congres omniprésents, les raies tout aussi régulières, pourront toujours éviter à nos moulinets de se corroder par une trop longue immobilité. De plus, c'est la période où se rapprochent des côtes dorades grises, maquereaux et orphies, et c'est ceux-là que nous rechercherons en priorité.

La pêche des dorades grises

Appelées canthères ou grisets, les dorades grises sont des sparidés que l'on rencontre essentiellement entre les mois de mars et d'octobre. Pendant la saison froide, ils hibernent dans les grands fonds, là où la température reste constante, et se rapprochent des côtes, le printemps venu, pour se nourrir et se reproduire. Ce sont souvent leurs rejetons, de quelques centimètres seulement, qui se jettent goulûment sur tout hameçon qu'on leur présente et deviennent des plaies pour le pêcheur en mer l'été. Il ne faudra pas s'attendre à combattre des monstres : les rushes ne stimuleront l'intérêt du pêcheur que s'il pêche en dessous de 20/100, ce qui reste peu courant, reconnaissons-le, en bord de mer ! Les pièces les plus courantes avoisinent la livre, quelquefois le kilo et certaines exceptions affichent les 4 lbs. Les grisets vivent en bancs serrés, parmi lesquels se mêle parfois une dorade royale, à la défense bien plus musclée et qui justifie des montages peu

	Printemps	Été	Automne	Hiver
BAR FRANC	- *	**	***	**
BAR MOUCHETÉ	*	*	**	-
SOLE	**	**	*	- *
TURBOT	*	**	*	-
DORADE GRISE	**	*	- *	-
DORADE ROYALE	*	***	**	-
MARBRÉ	- *	**	- *	-
RAIE	**	***	*	- *
CONGRE	*	*	*	**
ORPHIE	**	*	-	-
CHINCHARD	**	**	*	-
MAQUEREAU	**	*	-	-
OMBRINE	- *	**	- *	-
MAIGRE	- *	**	*	-
SAR	- *	*	**	- *
PLIE	*	- *	-	**
GRANDE VIVE	-	**	*	-
TACAUD	*	*	*	*
ROUGET BARBET	-	**	**	-

Les poissons de l'Atlantique : leur présence selon les saisons.

Montage en potence pour dorade grise.

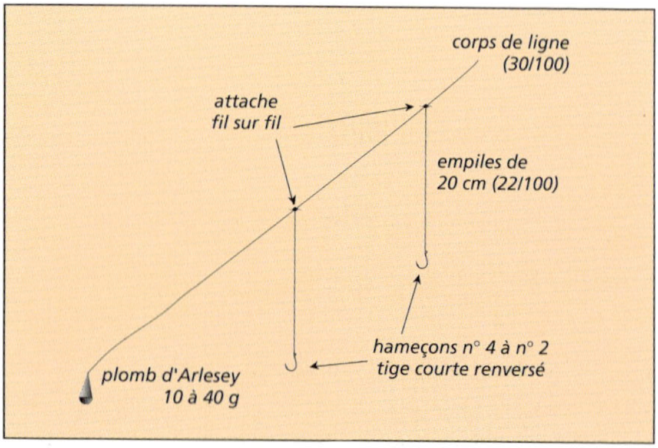

fragiles. Nous trouverons les grisets quelquefois le long des plages, mais la plupart du temps dans des zones plus abritées, là où les alevins pourront grandir en toute tranquillité : dans les profonds calmes, les embouchures et les plans d'eau abrités.

Le matériel. On traque la dorade grise avec des cannes courtes de 3 à 3,50 m, en composite de préférence pour la légèreté, sachant qu'on va pêcher canne en main pendant plusieurs heures. Le moulinet de surf léger contient 300 m de 30/100 et le bas de ligne, on ne peut plus simple, consiste en deux hameçon n° 4, montés en potence de 20 cm en 22/100. La plombée sera la plus légère possible, descendant jusqu'à 10 g, en ne cherchant qu'à faire évoluer les appâts vers le fond, qui doivent dériver à la vitesse du courant. Selon les variations de celui-ci avec la marée, on adaptera le grammage de façon à garder cette régularité dans la dérive. Les appâts seront essentiellement des arénicoles, ces vers de vase sableuse, très courants sur nos côtes et dits « vérots » dans le nord, « vers de Capbreton » sur la côte landaise et « vers du Bassin » à Arcachon. Courants chez les détaillants, ils restent facile à se procurer avec une bêche et un peu d'huile de coude. On les stockera au frais, dans une boîte de bois, recouvert de goémon frais, ou encore dans de l'eau de mer.

La touche est imperceptible : un léger toc-toc et, sans ferrage immédiat, c'est manqué ! Le griset a une toute petite

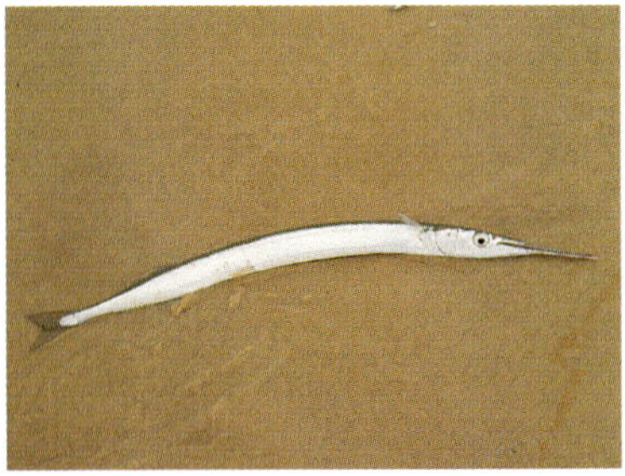

À GAUCHE
Une dorade grise.

À DROITE
Une orphie.

bouche et c'est en plus un poisson méfiant que la moindre résistance va amener à recracher ce qu'il a avalé. Cette pêche de la dorade grise est parfois décriée. Ce n'est pas un poisson noble, bien d'autres espèces en mer ont meilleur goût, et comme combattant, on peut faire mieux (voir sa cousine royale).

La pêche des maquereaux, chinchards et orphies

Avec le réchauffement de l'air et des eaux, la vie réapparaît à la surface des océans : planctons, sprats et anchois, et, les suivant de près, orphies, chinchards et maquereaux. Si nous traitons de ces trois espèces ensemble, c'est autant pour leur robe argentée aux reflets bleus, que pour le fait qu'elles se côtoient habituellement entre les mois de mars et de juin, à proximité de nos côtes. Ainsi, recherchant les uns, on aura toutes les chances de rencontrer les autres. Il s'agit bien sûr d'espèces pélagiques, très fréquentes sur nos mers. En fait, tout se passe par strates : en surface, le poisson fourrage (sprats, anchois, lançons...) suivi de très près par les orphies. À l'étage en dessous, chinchards, sardines et, plus bas, maquereaux. Bien en dessous encore, ceux qui feront de ces derniers leur pain quotidien : bars, bien sûr, mais aussi maigres, congres, raies, etc. Sachant que les poissons qui nous intéressent naviguent en surface –ou, au mieux, entre deux eaux–, on les recherchera à différentes profondeurs, plus rarement sur le fond.

La pêche à la mitraillette. Leurrer ces prédateurs consiste à leur présenter un attirail qui imite au mieux la fuite en

Prise d'une orphie à la mitraillette.

avant d'une horde de poissonnets, proies privilégiées. Dans son génie, l'homme a réinventé la mouche à partir d'une plume. Ce ne sont pas les pêcheurs de truite qui me contrediront. Si les mouches artificielles imitent à la perfection celles qui leur ont servi de modèles, certaines doivent donner l'illusion d'un poisson fourrage en fuite. C'est le cas des teasers pour la pêche au gros et autres paetas des pêcheurs de thonidés. Pour les poissons que nous recherchons, la plume, base de bien des mouches, restera le matériau de prédilection. Une mitraillette est donc composée d'un train de trois à six « mouches », constituées de plumes et hameçons enrichis parfois de perles fluo, ligatures rouges, autant de stimuli pouvant déclencher l'attaque. Le montage est lesté par un plomb palangre ou une cuiller style Flashmer ou Yann, dont le poids sera adapté à la distance de lancer, à la profondeur de pêche et à la vitesse de récupération souhaitées.

La technique est des plus simples. On lance la ligne, on attend que le lest touche le fond et on ramène par petites saccades irrégulières, lentes, puis rapides… Le déplacement des plumes, blanches souvent, mais aussi colorées, crée des éclairs qui strient les eaux, comme l'éclat d'un fretin en fuite. Si le banc est là, l'instinct grégaire des poissons va agir et ce sera à qui se jettera le premier sur les leurres. Il arrive donc souvent de prendre trois, quatre, voire sept maquereaux sur une même ligne. La touche est l'évidence même : la ligne qui revenait gentiment à chaque traction du pêcheur se tend brutalement et les efforts du poisson pour se libérer vont stimuler ses voisins à « gober les mouches » qui passent sous leur nez ! Il faudra donc s'équiper d'épuisette ou autre balance pour remonter l'ensemble des prises, surtout si l'on opère du haut d'un ponton. Cela est vrai pour les maquereaux, mais aussi pour les chinchards ou les sardines.

Les pêches d'été sont des pêches agréables à condition d'éviter les endroits de baignade.

Les pêches d'été

Les pêches de nuit ont toujours été supérieures à celles de jour, pour ce qui concerne le surfcasting. Cela est encore plus vrai l'été, les poissons fuyant le bord et l'agitation pour n'investir les baïnes qu'à la nuit tombée. C'est à partir de cet instant et jusqu'au petit matin que les pêcheurs vont les traquer. La plupart des espèces sont concernées, hormis certaines, accessibles de jour, entre le lever du soleil et la fin de la matinée. Ce qui nous laisse tout de même, en été, entre 5 h du matin et 10 h, de bons moments devant nous.

<u>Les pêches et les poissons de jour</u>. Nous passerons rapidement sur les « poissons de jour », ceux qui ne mordront qu'à partir de l'aube : turbots, que l'on recherchera au lançon ; mulets, aux vers ; et surtout, grandes vives, maquereaux, orphies, gates et sardines, qui se jetteront sur plumes et leurres en tout genre. Bars et pigayes seront plus discrets ; soles, sars et marbrés ne mordront qu'exceptionnellement dès le jour levé. Hormis les bars, mulets et quelques plats, la plupart des espèces pêchables de jour sont des poissons de pleine eau et que l'on ne pourra toucher qu'à partir d'une certaine profondeur. Il faudra donc choisir des « profonds », sorties de baïne, couloirs, goulets ou fosses, pour lancer ses

cuillers, en recherchant les chasseurs comme les bars, maquereaux, orphies ou grandes vives. Les meilleurs moments sont le lever du jour et le crépuscule, les seuls moments où la pêche de jour reste possible. Ce sera essentiellement une pêche aux leurres à lancer, les appâts naturels restant moins efficaces le jour. Ce type de pêche, itinérant, car il faudra arpenter des kilomètres de plage avant de « tomber » sur le banc, suppose un matériel léger : canne en carbone à action de pointe de 3,50 à 4,20 m et jusqu'à 120 g de résistance ; moulinet de surf léger, contenant 200 à 300 m de 35/100 en monofilament ou de 18/100 en multifilament. Une musette légère contiendra un moulinet de rechange, une boîte de leurres et... un sac à poissons.

Prise d'un joli bar par une journée d'août, en plein après-midi.

Les poissons « de jour » sont essentiellement des chasseurs, à la poursuite des bancs de poissonnets (lançons, athérines, sprats, anchois...) que l'on repère en surveillant les vols de mouettes et leurs piqués en pleine eau qui indiquent la présence de fretin et donc, de chasseurs. Si certains poissons comme les bars ou les sars recherchent des eaux agitées et bien oxygénées, d'autres préfèrent un environnement plus calme. Ainsi, les pêches de grandes vives, aux leurres ou aux poissonnets, se font en général par mer lisse, temps calme et bonne chaleur.

On peut toutefois pêcher en surfcasting traditionnel, à base d'appâts organiques et en plein jour, à condition que les lieux s'y prêtent. Si le temps est maussade, à part quelques surfeurs, les plages seront libres. Il est toutefois préférable de trouver des lieux où la baignade est interdite, comme les sorties de cours d'eau, estuaires... lieux à fort courant et trop dangereux pour que les baigneurs s'y risquent. Pêchant de jour, il est arrivé que quelques bars soient mordeurs, mais ces jolies prises qui frisaient les 10 lbs n'étaient pas l'objectif recherché par les pêcheurs. Pêchant en 50/100, avançon de 1,50 m en 100/100 et deux hameçons de 7/0 piqués dans un « rôti » de seiche, ils s'adressent à plus gros : je veux parler des requins, mais surtout des maigres. Même si l'événement est occasionnel, depuis quelques années, il se prend

Page de gauche
L'été offre la possibilité – la température de l'eau le permettant – de réellement « lancer dans la vague ».

Bar de 4 livres, pris en pleine chaleur estivale.

régulièrement de beaux spécimens, traqués de jour comme de nuit, dans les fosses les plus profondes qui bordent la côte. Pour la pêche de jour au tout venant, les meilleurs appâts restent les vers pour les poissons de taille moyenne : jumbos, arénicoles (meilleures de nuit), pistiches, vers à tube, gravettes et ophélies (pour bars et soles), bibis, américains, cordelles (pour les sparidés). Mais le roi des appâts en été, c'est le crabe mou. Idéal tant de jour que de nuit, il peut intéresser la plupart des espèces de toutes tailles, et sera fixé au bout d'un traînard de 1 à 2 m par deux hameçons montés en wishbone, consolidé par une attache à l'élastique ou avec un ruban de solucit.

La pêche des dorades royales

La daurade royale n'est qu'un poisson parmi d'autres. Mais quel poisson ! Même les plus petits spécimens ont une défense extraordinaire et si on y ajoute leur méfiance, la beauté de leur robe et la qualité de leur chair, on atteint là le sublime. Bref, c'est LE poisson par excellence, celui qui rassemble à lui seul ce que tout pêcheur en mer peut attendre de sa quête. Reste à les trouver, à les séduire, à les piéger et à les combattre… Pêcher la daurade royale relève de l'aventure et requiert de la préparation.

Lieux et périodes de pêche. Votre premier rendez-vous pourrait avoir lieu dès la mi-avril, quand les eaux commencent à se réchauffer et que ces dames remontent des fins fonds de l'Océan où elles ont passé l'hiver, à l'abri des froids et des éléments déchaînés. Elles sont alors en quête de nourriture. On va donc la rencontrer en pleine baïne, dans les chenaux, et bientôt jusque dans les ports, partout où elle dispose d'une profondeur suffisante. Les deux premières conditions à rechercher : des fosses suffisamment profondes et des eaux calmes. Dès que le vent forcit et que la mer se lève, il faudra changer votre canne d'épaule et partir plutôt traquer le bar. Quoi qu'il en soit, si vous les trouvez un jour, ne vous attendez pas à renouveler deux jours de suite l'exploit. Ces dames aiment le changement et, d'une marée sur l'autre,

Page de droite
Une prise assez exceptionnelle : un pagre de 5 lbs a gobé un encornet destiné à un bar.

Pour les combats qu'elle offre, la daurade royale est très appréciée des pêcheurs de surf.

on peut les retrouver à plusieurs kilomètres de distance. Une baisse de pression atmosphérique, un changement dans les courants, un vent qui tourne, une eau qui se trouble… autant d'éléments qui peuvent entraîner le déplacement de ces belles. Quand on les a trouvées, peu importe le moment de la marée, du jour ou de la nuit. Si elles sont là et qu'elles ont faim, si les appâts que vous leur proposez leur conviennent, si elles n'ont pas « leurs humeurs » et si votre poste n'est pas occupé par un collègue, la pêche peut être prolifique.

Les appâts. La daurade se nourrit de tout ce qui peut être comestible en bord de mer : tous les coquillages, avec une prédilection pour les moules et les coques, et je ne vous parle pas des huîtres qu'elle croque avidement grâce à sa bouche « pavée », au grand dam des ostréiculteurs du coin. Elle se régale aussi de tous les crustacés et en particulier des crabes mous (en pleine mue) ; de tous les vers, sans exception ; et, quelquefois, de céphalopodes ou de poissonnets… cela se vérifiant sous des latitudes plus australes que les nôtres. Si l'on doit privilégier une certaine diversité, on choisira de préférence coques, couteaux et moules, crabes mous, arénicoles, pistiches, vers à tube et américains.

Les montages. Là, point de grossièreté. Madame est délicate, maligne et furtive, et on ne la piégera que par la ruse. Les montages coulissants sont à privilégier, car à la moindre résistance, elle recrache ce qu'elle avait engamé. Le montage consistera donc en un traînard de 1,50 à 3 m de 26 à 30/100, selon votre sensibilité, précédé par un coulisseau sur lequel est fixé un plomb de grammage proportionnel à la vitesse du courant. L'ensemble doit rester en place ou dériver légèrement, sans plus. Cela pour les pêches en eau calme (estuaires, retenues d'eau, ports...). En bord d'Océan, deux hameçons en potence, mais d'une longueur suffisante (1 m), feront l'affaire. Les hameçons seront à hampe courte, à palette, forgés, forts de fer de préférence (attention aux coups de dents virulents qui peuvent briser les fins de fer ou courber les hameçons trop mous) et entre les n° 1 et 3/0 selon l'esche employée et la taille du poisson recherché.

Le fil sera, contrairement à bien des habitudes, lâche, formant une bannière. La touche se repère par la tension brutale du fil, souvent suivie de relâcher. Il s'agit alors de garder son calme, sinon... c'est raté ! La deuxième touche ne va pas manquer de suivre mais là, canne en main, on est prêt à ferrer à la première tirée. Selon les postes, ce n'est pas encore gagné. Madame supporte mal la tension du fil et votre insistance. Elle va chercher alors la moindre aspérité (piquet couvert de moules, pilier de jetée...) pour se libérer.

La pêche des marbrés

Ces poissons à la chair délicieuse ne se rencontrent sur les côtes atlantiques qu'à partir de la fin du printemps. Les ophélies, ces petits vers dits aussi « vers bleus » sur la côte landaise et qu'on récolte en bord de baïne, sont une de leurs friandises préférées. Au regard de la taille minuscule de ces vers et de la bouche à peine plus grosse des marbrés, on pêchera très fin avec de petits hameçons (n° 4), chacun chargé d'une dizaine de petits vers. Pêche très fine qu'on réservera pour les

Pages suivantes
Prise d'un superbe bar, en été, sur une plage ensoleillée.

Le marbré est un poisson d'été qu'on prendra sur des montages fins.

étales, celle de pleine mer à la tombée de la nuit étant l'une des meilleures pour ce poisson. Canne de surf léger ou à buldo, plombée de 40 à 60 g, long traînard de 2 m en 26/100 et terminé par un montage en wishbone avec deux hameçons. La touche est franche et la prise quasi automatique, confirmée par un ferrage à peine appuyé.

Les pêches et les poissons de nuit. La pêche de nuit est le moment où les poissons se rapprochent de la côte, et plus particulièrement les bars, pigayes, soles et sparidés. Nous ne

ATTENTION : Pêcher de nuit en bord de mer présente un certain nombre de risques. On évitera donc de partir seul en pêche, un collègue a proximité pouvant toujours vous venir en aide. L'obscurité, oú la visibilité réduite, suppose également une bonne connaissance des lieux. Un repérage à marée basse en plein jour est indispensable, au risque de se trouver emprisonné sur un platin, encerclé par la marée montante. Il faut disposer d'une lampe frontale de bonne qualité, prévue pour résister à l'humidité, et chaque élément du matériel doit être équipé d'un repère fluorescent, de la canne au sac à pêche, en passant par les boîtes d'appâts, les seaux, les plombs, etc. Le mouvement des eaux et des marées est à prendre en compte systématiquement. Consultez l'annuaire des marées disponible chez tous les détaillants et vérifiez la météo marine avant de partir : force et direction du vent, longueur de houle, état de la mer… Le matériel doit rester à bonne distance de la marée montante, au risque de ne vous laisser comme dîner qu'un sandwich détrempé ou de voir votre matériel embarqué par une vague plus forte que les autres. L'idéal étant la pique spéciale, munie de plusieurs crochets sur lesquels se fixent musette, réserves d'appâts, veste, sac à poissons, etc. C'est souvent quand les touches se répètent de façon rapprochée que, dans l'excitation, on oublie que le matériel commence à baigner dans les premières vagues. Attention aussi aux courants de baïne, en particulier à marée descendante. Si le jour on peut les repérer et éviter de s'y engager, la nuit c'est une autre histoire. On évitera donc de trop s'avancer vers le large, surtout si l'on connaît mal les lieux. Enfin n'oubliez pas qu'en été les nuits peuvent être fraîches : un bon pullover et un ciré doivent faire partie de l'équipement et il vaut mieux transpirer 10 min, le temps de trimballer tout ce barda, que de passer une nuit à grelotter dans le vent et les embruns.

PAGE DE DROITE
De nuit, en été, de belles pièces peuvent être prises. Il sera toutefois indispensable de se munir de l'équipement adapté.

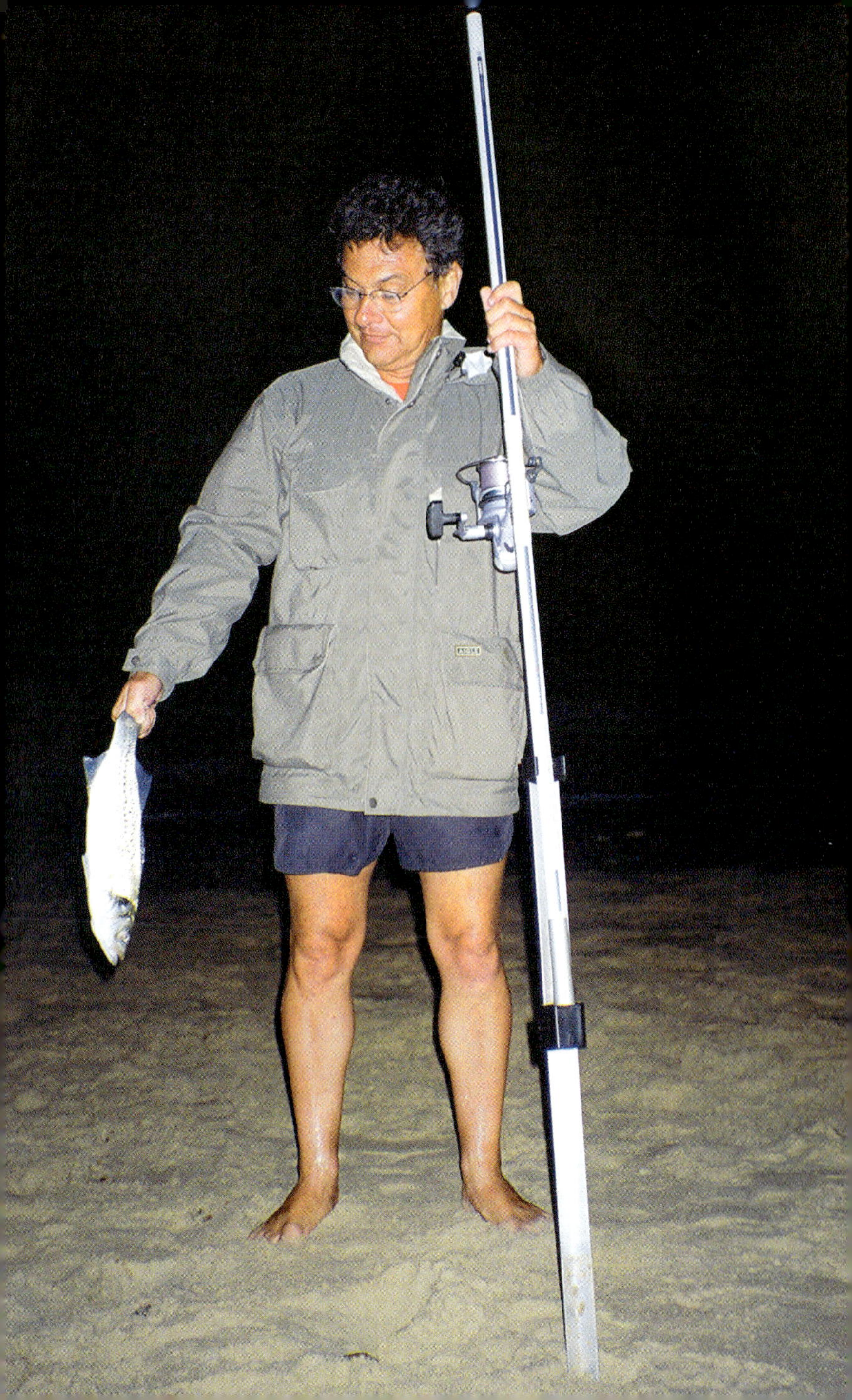

citons qu'en passant les maigres, qu'il faudra rechercher systématiquement, si l'on veut prendre le poisson de sa vie, mais dont les prises sont si rares qu'elles relèvent de l'exception.

La pêche du bar

Le poisson le plus recherché en surfcasting est bien le bar, et plus particulièrement pendant les nuits d'été. Le jour, évoluant à bonne distance du bord, les prises sont rares, surtout pour les belles pièces. En revanche, dès que le disque solaire se noie à l'horizon, ce poisson se rapproche du bord, à la recherche de nourriture. C'est souvent à cet instant que débutent les premières touches, alors que rien ne s'était passé jusque-là. La nuit est donc le moment idéal pour réaliser de beaux paniers de bars en été. Si pendant la journée il est indispensable de lancer le plus loin possible pour tenter de les atteindre, la nuit ces efforts sont moins nécessaires. Les bars viennent parfois chasser à quelques mètres de nos pieds et dans très peu d'eau. Il faudra donc, autant que possible, pêcher avec plusieurs cannes, lancées à des distances différentes.

La pêche de la sole

La nuit, c'est aussi le moment de prédilection pour pêcher la sole, qui ne mord qu'exceptionnellement en plein jour. Dorades et sars ont tendance, eux aussi, à se rapprocher du bord à la nuit tombée et particulièrement au montant, à la recherche des vers, coquillages et autres lançons, dégagés du

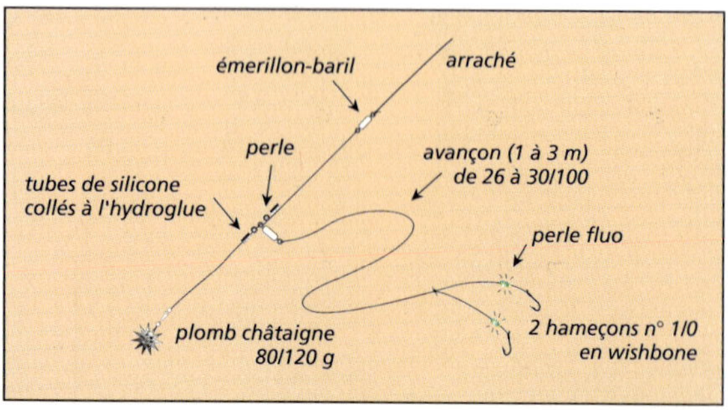

Montage en wishbone pour la sole.

sable par les vagues. Les meilleurs appâts pour les pêches de nuit sont les vers marins et, peut être, surtout en été sur la côte landaise, les ophélies – petits vers, dits localement « vers bleus » – qu'on déniche à marée basse, en bord de baïne. Les lançons, qu'on peut prendre à marée basse, d'un coup de filet, dans les culs de baïnes sont prenants pour bien des espèces, et les casserons ou encornets, utilisés entiers, devraient séduire les belles pièces. Les conditions atmosphériques étant, l'été, plutôt calmes, on pêchera le plus fin possible. Quand la mer est plate, un seul rouleau poussif venant effleurer le bord, on pêchera avec un traînard long (1 à 3 m) en 26 à 30/100, plombé à un maximum de 50 g, armé de deux hameçons en wishbone n° 1/0 et précédés chacun d'une perle fluo. Cette perle, si elle paraît peu nécessaire pour pêcher le bar, s'avère payante pour les plats, soles en particulier, et les sparidés, dont la dorade royale.

La pêche des gros poissons

Enfin, l'été voit le passage de poissons plus rares le reste de l'année : ombrines qui adorent les arénicoles ; raies bouclées et pastenagues qui se régalent de lançons et d'athérines ; maigres et requins qu'il faudra tenter avec des appâts volumineux (seiches entières, mulets…) et sur du matériel résistant. La plupart de ces espèces se pêchent dans les profonds, c'est-à-dire là où à proximité du bord se trouvent les fosses naturelles, creusées par les courants et ravinées au quotidien par les vagues. Le repérage des lieux ne peut se faire qu'au jour et quelques piquets pourront servir d'indicateurs pour la pêche de nuit. On cherchera donc en particulier les baïnes les plus profondes, en lançant sa ligne en direction du couloir d'entrée, goulet où passent habituellement les poissons. On évitera les culs de baïnes, peu pêchants, hormis au plein de la mer et pendant la durée de l'étale. Dès le reflux, les poissons regagnent des zones plus profondes où ils sont en sécurité. Il ne faudra pas hésiter à prospecter les pointes de sable, entre deux baïnes par exemple, où souvent bars et pigayes viennent chasser. Il est arrivé de n'avoir des touches

que sur la pointe, alors que les deux baïnes prospectées paraissaient vides. Enfin, quand une baïne ne semble pas tenir ses promesses et si on en a le courage, un déplacement vers la suivante, qu'on aura repérée au jour, pourra faire la différence.

Le sar, poisson d'automne qui aime les eaux agitées.

Les pêches d'automne

L'automne est la saison idéale pour s'adonner au surfcasting. C'est la période où les bars et les sars, et particulièrement les belles pièces, longent la côte, se nourrissant de jeunes casserons à peine éclos, de crabes, de fretin divers. C'est aussi à ce moment que les espèces migratrices comme les daurades et les maigres quittent leurs quartiers d'été pour rejoindre le Grand Bleu. Le choix est donc vaste et il faudra être éclectique pour pouvoir répondre à toute situation. Si la mer le permet, on pêchera avec plusieurs cannes : une ou deux, à reculer, chargées d'un casseron devraient tenter un beau poisson de passage. Une canne ou deux eschées aux vers, arénicoles, vers à tube, pistiches ou jumbos, ne peuvent laisser insensibles toutes les espèces qui fréquentent la côte à cette période : bars, sars, daurades, soles... Et, pour les amateurs, un beau crabe vert piqué sur deux hameçons en wishbone peut assurer la prise d'une belle royale. La difficulté sera plus dans le choix des armes et l'adaptation aux conditions rencontrées.

À la différence des pêches de fin de printemps et d'été, les poissons peuvent être mordeurs en pleine journée tout autant qu'en pleine nuit. Ce qui offre des après-midi agréables où l'on cumule à la fois la douceur du climat avec la disponibilité des plages abandonnées des baigneurs. Le choix du poste aura toute son importance : ouvertures, couloirs, profonds... animés d'un courant suffisant pour attirer les poissons. L'automne est la saison où l'on a le plus de chances de prendre des sars de belle taille sachant que, sous nos latitudes, 2 kg sont un maximum rarement dépassé... ce qu'on peut regretter au regard de leur défense musclée. Un sar de 500 g secoue une canne de surf comme un bar quatre fois plus gros ! Et

PAGE DE GAUCHE
L'été est la saison idéale pour s'essayer à la pêche de nuit, bien plus productive qu'en pleine journée. Jugez-en ici avec cette belle sole.

PAGES SUIVANTES
Le pêcheur de surfcasting face à l'immensité où se noit le soleil couchant.

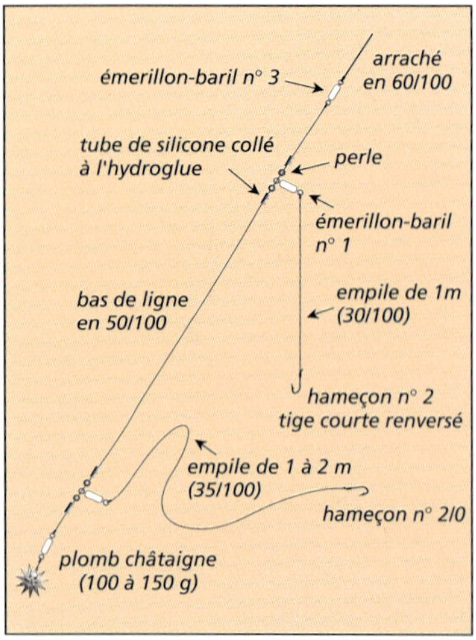

Montage polyvalent pour la pêche des bars, sars et dorades.

comme ces derniers, les sars aiment les eaux agitées très oxygénées et qui blanchissent. On trouvera donc fréquemment en cette saison les deux espèces mélangées. Le problème qui se pose alors est celui de choisir l'un ou l'autre en préparant les montages. Le bar a une bouche énorme et peut avaler des proies volumineuses, contrairement au sar qui, avec sa fine bouche, doit être pêché avec de petits hameçons et des appâts fins : vers, morceaux de coquillage, fines lanières d'encornet. Avec de grosses bouchées, on prendra des bars, mais on ratera neuf fois sur dix les sars ! À pêcher avec de fines bouchées et hameçons en proportion, on prendra plus facilement les sars, mais les ratés sur les touches de bars seront plus nombreux… Il ne reste alors qu'à pêcher de façon polyvalente, avec deux avançons : le supérieur en 30/100 armé d'un hameçon n° 2 fin de fer à tige courte et esché d'un ver, l'inférieur, en 35/100 avec un hameçon 2/0, esché d'une belle lanière d'encornet. Ce qui ne veut pas dire que l'un ou l'autre ne se jettera pas sur l'appât destiné à son voisin !

Les pêches d'hiver

Les bourrasques d'automne et le vent du nord ont accéléré la migration et il ne reste plus, en ce mois de décembre, que les bars et quelques plats à fréquenter nos côtes. Rien n'empêche de prendre un sar ou une daurade isolée, mais ceux-ci resteront de l'ordre de l'exception. Jusqu'à la période du frai, vers la fin février, de beaux bars peuvent être pris, mais on les recherchera moins avec des appâts traditionnels comme les vers ou les crabes mous, introuvables en cette saison, qu'avec des seiches. Dans des zones plus calmes, des vifs ou des crevettes peuvent être aussi très efficaces.

Le bar à la seiche. On ne le répétera jamais assez : si l'on souhaite prendre un joli bar en surfcasting, la taille de l'appât est déterminante. Les céphalopodes, et les seiches en particulier, nous offrent ces belles bouchées qui sélectionnent les belles prises. Il ne faudra donc pas hésiter à escher une seiche de 400 g sur un montage stewart avec deux hameçons 6/0. Lancés dans un goulet profond d'entrée de baïne, ces appâts sont un attrait irrésistibles pour les gros poissons, maigres l'été, bars l'hiver. La pêche « à reculer » sera idéale : la ligne lancée à marée basse, le pêcheur recule la canne avec la montée des flots, libérant autant de fil que nécessaire. La résistance d'un tel appât permet de pêcher plusieurs heures sans remonter sa ligne et donne donc d'autant plus de chances – si je puis dire – à un poisson de passage de s'y jeter goulûment.

Le bar au vif. L'hiver, c'est aussi la période où le fretin est rare, bien à l'abri des intempéries, ou, selon les espèces, reparti dans les grands fonds du large. Pourtant, les quelques espèces qu'on peut trouver (athérines en particulier) peuvent offrir des appâts de choix à quelques bars maraudeurs. On les recherchera avec des montages légers, au bout d'un long traînard en 30/100, armé d'un hameçon fin de fer n° 2. Les soirs où la mer n'est pas trop forte, on peut apercevoir leur chasse sur les bancs d'athérines et là, un leurre bien manié, type Raglou ou twist, peut être meurtrier.

Le bar à la crevette. D'autres soirs, où pas une chasse n'apparaît en surface, on peut tenter sa chance à la crevette. Un ou deux petits bouquets fixés sur un hameçon fin de fer à tige courte qu'on laissera évoluer dans le courant, sans d'autre plombée parfois que le seul poids du crustacé, pourront déclencher l'attaque d'un de ces prédateurs. Mais qu'on recherche le bar au vif ou à la crevette vivante, prévoir des montages extrêmement fins (24/100) et un matériel très léger (canne à buldo en 3,50 m). On ne pourra donc s'adonner à ces techniques que par mer calme et en zones protégées (estuaires, conches, jetées...).

À gauche
Les bars mouchetés naviguent en bancs, ce qui peut augurer de jolis paniers.

À droite
Lorsque la sole se fait rare, la plie console bien des pêcheurs.

La pêche des plies

L'hiver, c'est aussi la saison où les plies se rapprochent du bord et celles-ci nous consoleront de la raréfaction des soles et des turbots appelés en d'autres lieux. Quand le froid se fait vif et qu'un nordet rougit le nez et les mains des pêcheurs, c'est le moment de partir pêcher la plie. Très gourmande, celle-ci pourra se prendre sur des montages variés, bien que les traînards restent les plus adaptés. Deux hameçons n° 1, montés en wishbone et eschés avec deux belles arénicoles, sont suffisants, fixés au bout d'un traînard de 2 m en 30/100. Notons que quelques perles de couleur ou fluorescentes inciteront ce poisson à mordre.

Ci-contre
Le bar reste le poisson d'hiver par excellence. Le tenter avec la seiche, c'est assurer une belle prise.

	Nord	Normandie	Bretagne
ALOSE	*	*	*
ANGUILLE	**	**	*
BAR	**	**	***
CHINCHARD	*	*	**
CONGRE	**	**	**
DORADE GRISE	**	***	***
DORADE ROYALE	*	*	**
LIEU	**	**	***
MAIGRE	-	-	-
MORUE	**	**	*
OBLADE	-	-	-
PLIE	**	***	*
RAIE	**	**	**
REQUIN	*	*	*
SAR	-	-	*
SÉRIOLE	-	-	-
TACAUD	*	*	*
TURBOT	*	*	*

Fréquence des poissons de bord de mer selon les côtes.

Vendée	Sud-Ouest	Languedoc-Roussillon	Côte d'Azur	Corse
*	*	*	*	*
**	**	*	*	*
**	***	**	***	**
**	**	*	*	*
**	**	**	**	**
***	***	**	**	**
**	***	**	***	***
**	*	-	-	-
*	***	-	-	-
-	-	-	-	-
-	-	*	**	**
*	*	*	*	*
**	**	**	**	**
**	**	*	**	**
*	**	**	**	**
-	-	**	**	**
*	*	*	*	*
*	*	*	*	*

Le matériel du surfcasting

Les cannes

Les éléments des cannes

Les cannes de surfcasting pour la pêche au posé, au regard de leur longueur et de leur encombrement dépliées, sont en général composées de trois brins, le brin inférieur portant le moulinet. Seuls certains modèles, destinés à la pêche du maigre, sont composés de deux brins pour une longueur totale de 5 m. Les quelques modèles télescopiques n'ont que peu d'utilité dans notre domaine où le sable est roi. Les cannes à buldo ou pour le surf léger sont en général composées de deux brins.

Les emmanchements

Les trois emmanchements principaux sont : les emmanchements droits, les plus courants, le brin le plus fin s'emmanchant dans le supérieur ; les emmanchements inversés : là, c'est le brin le plus fin qui recouvre le suivant ; et enfin les emmanchements spigo, l'élément le plus gros étant terminé par un cylindre qui s'emmanche dans le brin inférieur. Sauf pour les modèles destinés aux gros poissons qui imposent des emmanchements résistants, les spigos n'ont qu'un intérêt relatif et les emmanchements droits sont tout à fait suffisants. Il est toutefois indispensable que la partie enveloppante du brin soit renforcée (risque d'écrasement) et recouverte d'un grip qui permet un déboîtement plus aisé des brins, surtout par temps humide.

Les anneaux

Les anneaux de céramique ont détrôné les anneaux métalliques, permettant d'utiliser des diamètres plus petits, tout en offrant un maximum de glisse. Mais le haut de gamme est représenté aujourd'hui par les anneaux en oxyde d'aluminium poli au diamant, inoxydables, incassables (Fuji-hard) et inusables (Fuji-super-hard). Ces derniers sont douze fois plus résistants que l'acier et 30 % plus légers. Les anneaux de céramique finissent par s'user avec le frottement du fil, surtout quand on utilise des multifilaments, ce qui n'est pas le cas des anneaux en oxyde d'aluminium dont la conduction thermique est répartie sur toute la surface intérieure de l'anneau. Il existe toutefois de rares modèles sans anneaux, à fil intérieur, qui offrent un confort de pêche tout à fait particulier sans aucune atteinte aux performances.

Les porte-moulinets

Ils sont aujourd'hui de deux types pour les cannes de surfcasting au posé : à glissière, ligaturés sur le blank, ou tubulaires (système de blocage par serrage à vis, avec l'inconvénient de la fragilité au contact du sable). Pour les cannes à buldo, les bagues de serrage sont souvent réduites à deux anneaux de plastique qui enserrent le moulinet en force, mais peuvent facilement glisser, ce qui n'est pas très agréable quand on combat un beau poisson ! Il vaudra mieux donc les renforcer en ligaturant l'ensemble avec plusieurs tours d'adhésif autofusionnant.

Les poignées et talons

Les derniers modèles intègrent de plus en plus régulièrement des poignées en mousse, confortables et résistantes, jusque-là souvent inexistantes. Les talons sont des pommeaux en bois, en métal ou en caoutchouc, mais certains fabricants reviennent à la pique terminale qui permet de planter la canne dans le sable et qui était présente sur toutes les cannes de surf jusqu'à l'utilisation des porte-cannes indépendants.

À GAUCHE
Les emmanchements des cannes sont de trois sortes : normaux, inversés ou encore à spigot, comme ici.

À DROITE
Le porte-moulinet tubulaire est celui qui souffre le plus du sable, facteur considérable de dégradation.

Les Réflecto

Il est indispensable, pour les pêches au posé de nuit, d'avoir des cannes dont le moindre mouvement peut se repérer d'un seul coup de lampe. Les fabricants fixent de plus en plus régulièrement des bandes réfléchissantes sur le scion, voire sur toute la longueur de la canne. Si ce n'est pas le cas, il est facile d'y remédier en enroulant quelques tours d'adhésif réfléchissant espacés de 50 cm.

L'action des cannes

Comme pour les cannes d'eau douce, on trouve des cannes à action de tête, dites de pointe sensible (grande fermeté du blank, avec un mouvement du scion uniquement) ; les cannes à action semi-parabolique ou de pointe moyenne (la souplesse descend jusqu'au brin intermédiaire, le dernier tiers restant raide) ; les cannes à action parabolique ou à action progressive (l'action est proportionnelle à la puissance de la traction : action de tête en début de mouvement, puis semi-parabolique, voire parabolique, lorsque la traction est maximale).

La catégorie des cannes

Cette mesure, donnée en livres (lbs), permet d'évaluer la résistance et la force d'une canne. Par exemple, une canne de 15 lbs résiste à une traction maximale de 7,5 kg. Ce qui ne veut pas dire qu'un poisson de 10 kg va la faire exploser ! L'action de la canne, la glisse et la résistance du fil, le jeu avec le frein du moulinet permettent d'aller bien au-delà de ces limites. Il suffit pour cela de consulter le guide des records I.G.F.A. pour s'apercevoir qu'un marlin de 700 kg peut être pris sur une canne de moins de 100 lbs !

La puissance des cannes

Sur chaque canne de surfcasting est indiquée une donnée de puissance ou plutôt une échelle : 80 à 120 g, 120 à 250 g, etc. Il s'agit en fait d'un espace entre un poids minimal pour déclencher l'action de la canne (par exemple 80 g) et un poids maximal qui peut neutraliser l'action du nerf de la canne,

PAGE DE GAUCHE
Trait d'union entre le pêcheur et l'Océan, la canne est le support essentiel de la pêche en surfcasting.

l'endommager, voire briser la canne ! Le poids idéal à lancer est en fait une valeur intermédiaire entre les deux valeurs extrêmes : 100 g pour une 80-120, 150 g pour une 120/250, etc.

Les moulinets

Le moulinet est un outil indispensable pour la pêche en surfcasting et leur qualité est essentielle : traitement anticorrosion, capacité de la bobine, vitesse de récupération, fiabilité du frein, etc. Un grain de sable dans la machine... et c'en est fini de la partie de pêche ! Si une canne à carnassier d'eau douce peut éventuellement convenir pour certaines pêches en mer, il n'en est pas de même pour les moulinets. Ceux-ci doivent être, en tout cas pour les tambours fixes, capotés de façon à prévenir toute pénétration du sable dans le mécanisme intérieur et traités contre la corrosion saline.

La capacité des moulinets

Le principe des moulinets pour la mer est le même que pour l'eau douce : pouvoir ramener à plus ou moins grande vitesse un bas de ligne lancé parfois très loin. D'autre part, la ligne lancée, on recule avec la marée, ce qui suppose une réserve de fil suffisante. Enfin, en cas de combat avec un beau poisson, une réserve supplémentaire doit être prévue. La contenance minimale des bobines de surfcasting doit donc être d'environ 300 m (100 pour le lancer, 100 pour reculer, 100 pour le combat). Rappelons que plus un fil est fin, plus il permet de lancer loin. Pour la pêche dans des conditions normales (mer moyennement agitée) et en direction de poissons moyens (bars), un 30/100 sera suffisant, terminé par un arraché en 50/100. Si l'on monte la section à 40/100, c'est tout de suite 10 à 20 m de perdus au lancer ! Selon le type de moulinet, on a intérêt à disposer de deux ou même trois bobines, chargées en sections différentes et permettant de s'adapter aux conditions requises par la situation. Une bobine en 30/100 pour les pêches courantes, une bobine en 45/100 pour la pêche des gros poissons et une bobine en 22/100 multifilaments (14 kg) pour les zones accidentées (rochers...).

 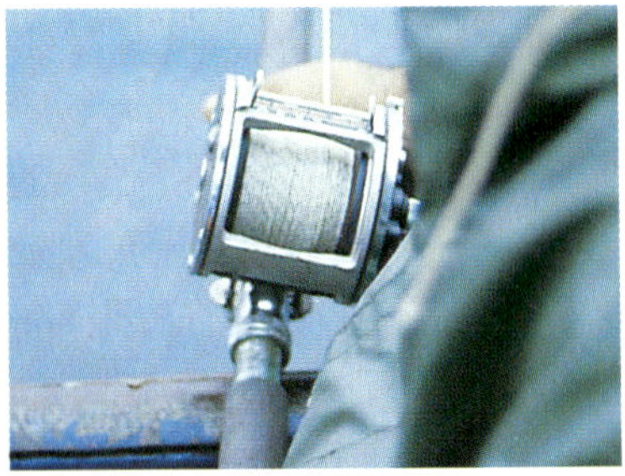

À GAUCHE
Moulinet à tambour fixe à rattrapage au doigt.

À DROITE
Moulinet à tambour tournant.

Photo Michel Lagenette

Les freins

Ils sont de deux types : soit une molette sur la bobine, le plus fiable et le plus manœuvrable en action, soit une à l'arrière, difficile à utiliser en surf et risquant de souffrir du sable.

Les bobines

Bobines traditionnelles dont la contenance est indiquée sur le bâti (350 m de 30/100, par exemple) et bobines dites « long cast », profilées, plus hautes et coniques, permettant un enroulement croisé du fil et une libération optimale au lancer. Enfin, l'utilisation ces dernières années des multifilaments pour le lancer a amené les fabricants à étudier des systèmes d'enroulement croisé pour éviter le perruquage de ces fils très souples (double oscillation).

Moulinets à tambour fixe

Le fil se dévide au lancer alors que la bobine reste fixe. On trouve deux types parmi ceux-ci : les moulinets dits « à rattrapage au doigt » avec un ergot sur le tambour (PUM), ergot aujourd'hui basculant sur les nouveaux modèles, palliant ainsi les risques d'accrochage du fil au moment du lancer, et les moulinets « à pick-up rabattable », les plus courants et les plus aisés à utiliser.

Moulinets à tambour tournant

Ils permettent des lancers à très longue distance et c'est avec eux que tous les records sont battus, car le fil se dévide en même temps que tourne la bobine. Les maîtriser suppose toutefois une certaine préparation et quelques heures d'entraînement.

Les bas de ligne

Cette partie de la ligne, terminée par l'hameçon, est le premier point de contact entre les poissons et nous. Il importe donc d'être particulièrement vigilants sur cet élément qui va présenter les appâts et stimuler l'attaque des prédateurs. Il existe, avec maintenant de nombreux modèles dans le commerce, des dizaines de montages, fruit de l'imagination des pêcheurs et de leurs conclusions sur l'environnement et le comportement des poissons.

Nous nous intéresserons donc en premier lieu aux bas de ligne tout prêts que l'on trouve sur les étals de nos détaillants, avant d'aborder des montages spécifiques que nous fabriquerons nous-mêmes, à la recherche d'un équilibre optimal entre chacun des éléments.

Les bas de ligne traditionnels

Longtemps, les bas de ligne pour le surfcasting se sont limités à trois hameçons montés en potence sur des câbles de 50/100 qui résistaient à peine à une dizaine de kilos de traction. Ceux-ci ont toutefois été largement suffisants à une époque où les poissons étaient légions sur nos côtes. Les pêcheurs de maigres d'après-guerre, ceux qui lançaient à la fourche avant l'utilisation des Chassepot, s'en contentaient. Ces avançons grossiers leur permettaient des prises de maigres de plus de 20 kg, sans parler des nombreuses loubines, des soles et des turbots, considérés alors comme du fretin ! Les trois hameçons en question, de forme octopus en métal étamé, résistaient mal à plusieurs contacts avec l'eau de mer, se tordaient facilement ou éclataient sur la touche violente d'une belle royale. Pourtant, ils ont longtemps été les seuls bas de ligne montés pour la mer disponibles dans le commerce et le sont encore. Bien des pêcheurs, renommés aujourd'hui, ont fait leurs premières armes avec ces antiquités. La raréfaction du poisson, que le chalutage en bord de baïne ne fait qu'accélérer, et la méfiance des prédateurs née de ces abus ont entraîné une évolution des techniques. Dans la répétition de gestes et l'utilisation de matériels, les pêcheurs ont revu leurs tactiques afin de les améliorer, les compétitions ayant participé sérieusement à cette réflexion.

Les montages en potence

Aujourd'hui décriés après avoir été les montages traditionnels, ils gardent toutefois leur utilité par mer forte car ce sont les seuls montages qui résisteront au brassage violent des eaux, tous les autres finissant plus ou moins rapidement en pelotes inextricables.

Leur fabrication est simple. À partir d'un bas de ligne de 2 m en 50/100, on fixera deux ou trois avançons, directement sur le bas de ligne par un nœud de potence ou un émerillon bloqué entre deux perles. Ce dernier principe d'attache est le plus fréquemment utilisé pour réaliser la plupart des montages que nous verrons ici. Chaque avançon variera d'un maximum de 1 m (deux hameçons maximum) par mer pas trop forte, à 10 cm par mer très agitée. Il ne s'agit plus là de pêches fines. Quand la mer roule fortement, on ne lésinera pas sur la section des fils à employer et il est fréquent d'utiliser des avançons en 45/100 sur un corps de ligne en 50/100. On recherchera alors essentiellement de beaux poissons avec des hameçons de taille moyenne (3/0 à 5/0) et des appâts solides comme les céphalopodes. Quand la mer est moins forte, on augmentera la longueur des empiles tout en réduisant la section jusqu'à un minimum de 30/100. Les montages en potence ont l'avantage de rigidifier le montage pour résister à l'assaut des vagues, mais aussi l'inconvénient de manquer de souplesse (La Palice n'aurait pas mieux dit). Avec une mer bien formée sans être trop violente et un courant assez soutenu sans être trop rapide, on allongera les avançons jusqu'à 1 m, pour une meilleure présentation de l'appât dans la vague. Et, dès que la mer se calme un peu plus, on n'utilisera plus qu'un seul avançon, soit en baladeur, soit en traînard.

Les montages en baladeur *(voir schéma page 29)*

Ces montages s'adressent essentiellement aux poissons qui viennent chasser dans les rouleaux (bars, maigres...) et permettent une présentation très naturelle de l'appât qui sera un lançon, une sardine, une languette de céphalopode ou un casseron. Le baladeur peut atteindre une longueur de 3 m, si la mer le permet. La fixation se fait sur le bas de ligne en 50/100 pour un baladeur en 35/100. Un ou deux hameçons sont montés en stewart (deux hameçons superposés). C'est l'un des montages les plus efficaces pour les bars de belle taille.

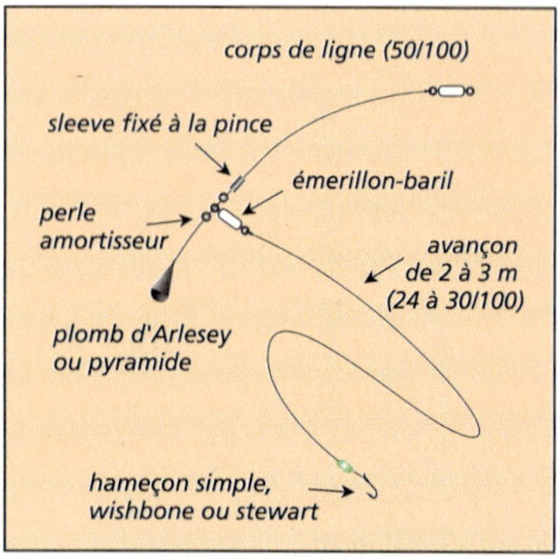

Montage en traînard.

Les montages en traînard

Ceux-ci sont destinés aux poissons très méfiants (sparidés, poissons plats...). Ils offrent l'avantage de présenter un appât posé sur le fond et de laisser le poisson engamer sans percevoir de résistance. La fixation se fait 15 à 30 cm au-dessus du plomb qui ne sera pas un grappin (étoile, châtaigne, palangre, montre ou Arlesey) pour éviter les emmêlements. De tels montages ne seront utilisables que par mer calme avec de faibles rouleaux. Ils seront donc très fins : 24 à 30/100 pour l'avançon fixé directement sur l'arraché et terminé par deux hameçons montés en wishbone (deux hameçons en parallèle) offrant ainsi une belle bouchée de vers, de coquillages ou un crabe mou.

La fixation des empiles

Les empiles peuvent se nouer directement sur le bas de ligne, mais la présentation idéale, celle qui laisse le maximum de souplesse au montage tout en le préservant des perruques, consiste à bloquer un émerillon simple entre deux perles : principe du montage dit « en hélicoptère » permettant à l'avançon de tourner autour du bas de ligne sans vriller et sans se nouer. Le blocage des perles est lui plus complexe : la solution la plus simple consiste à faire deux nœuds sur le bas de ligne pour bloquer la circulation des perles. Mais le montage devient alors très fragile. Rappelons au passage qu'un nœud diminue la résistance d'un fil de 30 à 50 %.

L'autre solution consiste à réaliser deux nœuds d'arrêt avec un fil de résistance inférieure (35/100 sur un bas de ligne en 50/1 100 par exemple). Ici, la ligne n'est aucunement fragilisée, mais à la première touche, l'avançon glisse et se mêle à celui du bas. En fait, le système le plus fiable consiste à enfiler des morceaux de gaine électrique qui vont se solidariser au corps de ligne par une goutte d'hydroglue (colle résistant à l'eau). Mais attention: certaines colles (cyanolites) ont tendance à attaquer le fil du bas de ligne et le fragiliser. On peut aussi utiliser des cendrées ou, mieux, des plombs mous pour la pêche à l'anglaise qui vont bloquer les perles sans attaquer le fil, mais avec un risque de glisse des avançons sur une touche. Reste la solution de l'émerillon pater-noster, dont les modèles actuels offrent le maximum d'avantages, sans risques pour le bas de

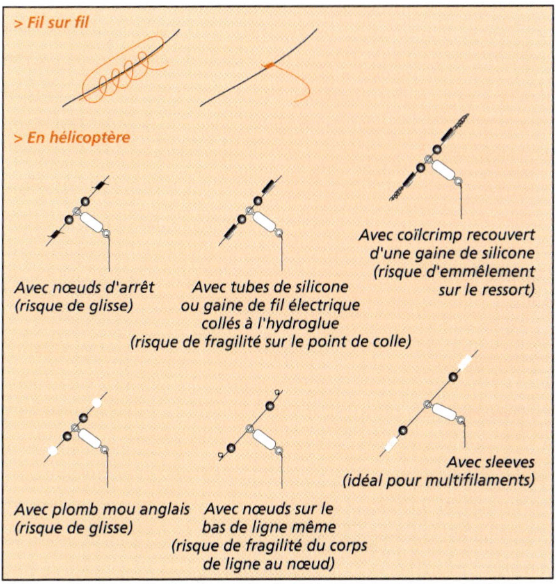

Les différentes façons de fixer les empiles.

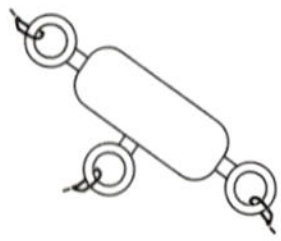

L'émerillon pater-noster compte parmi les éléments utiles à la préparation des bas de ligne.

ligne et permettant une bonne évolution de l'empile. Ma préférence va toutefois aux fixations avec des sleeves, serrées la pince qui offrent une bonne tenue sans fragiliser le fil à condition de n'avoir serré que modérément le tube.

Si les montages fixes sont les plus couramment utilisés en surfcasting, dans certaines conditions on leur préférera des montages plus fluides, très peu détectables par les poissons méfiants : les bas de ligne coulissants.

Les bas de ligne coulissants

Le principe des montages coulissants – qui n'est autre que son atout majeur –, consiste à permettre à l'avançon de glisser dès la moindre traction, sans offrir de résistance, mettant l'empile en continu avec le fil du moulinet (avantage certain quand on pêche des poissons difficiles comme la daurade). Le poisson avale profondément et se pique au fond de la gorge, assurant ainsi plus solidement la prise qu'au bord des lèvres. C'est particulièrement vrai pour les poissons à bouche dure comme les sparidés ou à lèvres fragiles comme le bar. L'autre avantage est celui de signaler immédiatement la touche au pêcheur, puisque la moindre tension du fil fait vibrer le scion et le met en contact direct avec le poisson sans la gêne procurée par la plombée quand on pêche avec des avançons fixes.

Rappelons le principe : installer un dispositif qui va permettre à l'avançon de circuler librement et de façon indé-

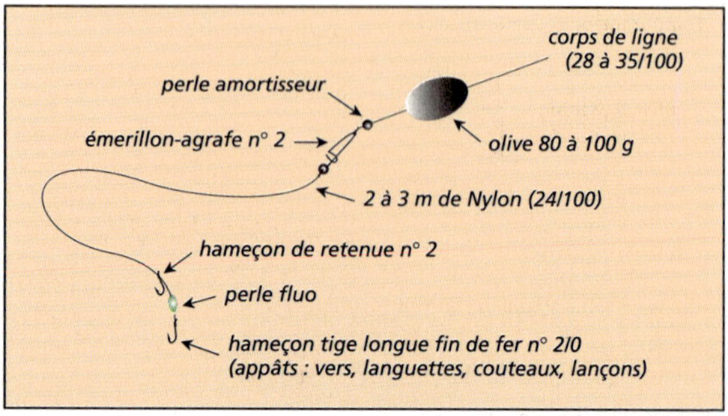

Montage coulissant avec olive pour poissons moyens.

pendante de la plombée. L'œillet d'un plomb ou l'anneau d'un émerillon peuvent suffire à ce glissement qu'il faudra arrêter avec une perle de butée, de même qu'une multitude d'accessoires, sont utilisables pour fabriquer des montages coulissants.

Commençons par les plombs dits « coulissants » : olives, plombs plats à ergots, mais aussi plombs à ailettes, inspirés des plombs anglais anti-tangle (anti-emmêleur), sans griffes, très utilisés sur la côte basque, intermédiaires entre le grappin (il faut un minimum d'accroche sur le sable) et le coulissant habituel (le fil circule à l'intérieur du plomb). Mais on peut considérer n'importe quel plomb comme un coulissant potentiel selon la façon de le fixer. Même des grappins peuvent se monter en coulissant comme les montages pour la raie sur le bassin d'Arcachon, par exemple.

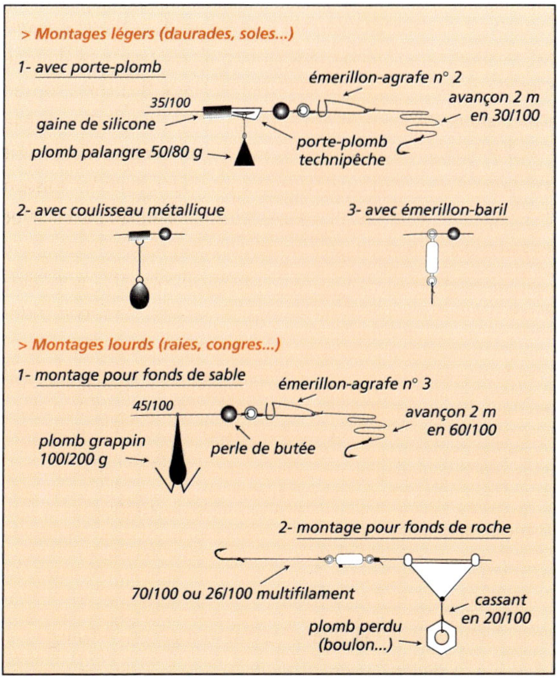

Les différents types de montages coulissants.

Montage coulissant à deux hameçons pour poissons moyens.

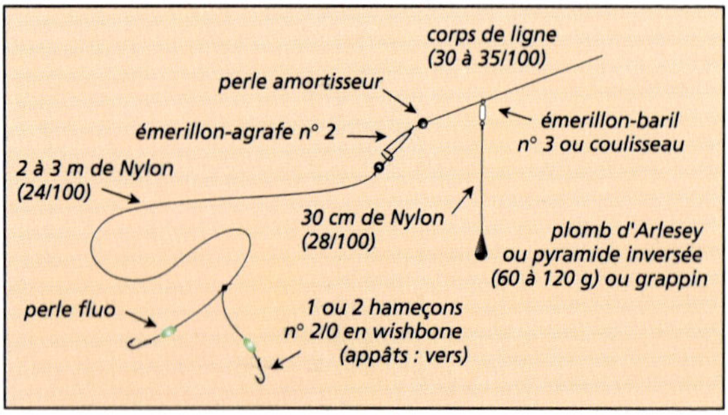

Les hameçons

La fonction première d'un hameçon consiste à pénétrer la chair ou les plaques plus ou moins osseuses du poisson, et ce dès le premier engamage. Ce qui implique que la pointe doit être suffisamment aiguisée pour pénétrer avec le moindre effort. Cela fait, il doit y rester fiché et limiter à leur minimum les risques de décrochage : l'ardillon permet cette retenue. Il est évident qu'entre les crochets en os de renne de la préhistoire et les pointes à affûtage chimique d'aujourd'hui, il est passé de l'écume sur les plages…

S'il est vrai que pendant des années les pêcheurs de bord se contentaient d'hameçons étamés, au piquant plus ou moins fiable et à la résistance douteuse et qui n'avaient d'avantage qu'une meilleure résistance à la corrosion, ces temps sont révolus. Pourtant, l'ennemi n° 1 du métal en mer, c'est le sel ! Rien n'y résiste et, encore aujourd'hui, peu d'hameçons résistent longtemps à la corrosion saline. C'est dire qu'il en faut changer régulièrement, voire plusieurs fois pendant la même sortie. Mais ce n'est pas cette partie du matériel qui est la plus onéreuse… C'est pour cela que tant qu'à changer d'hameçons, autant utiliser ce qu'il y a de plus piquant sur le marché. Ainsi, pendant des années, j'ai remplacé les étamés par des « bleus » à truite – ce qu'il y avait alors de mieux comme piquant –, tout en offrant finesse et solidité minimum. Ils restaient toutefois fragiles, perdaient de leur piquant au bout de quelques heures de pêche, à frotter sur le sable et les graviers. De plus, ils avaient l'inconvénient

Pour escher les céphalopodes, les hameçons dits « octopus » sont les mieux adaptés.

d'être limités en taille et si l'on souhaitait pêcher le « gros » avec un beau morceau de seiche, il ne restait que l'inox avec ses difficultés d'affûtage, son poids important et… son brillant. Certains estiment cette brillance susceptible d'avoir un effet « teaser » et donc d'aider à déclencher l'attaque. Pour ma part, je me demande comment un poisson peut prendre au sérieux un morceau de ver marron terne qui pend au bout d'une tige brillante. Tout cela pour dire que l'arrivée sur le marché des hameçons à haute teneur en carbone et à affûtage chimique était bienvenue.

Un hameçon bien effilé disposant d'un ardillon minimum n'implique qu'une force de 1 kg pour traverser la bouche d'un bar. Une ouverture plus grande augmente cette force nécessaire d'au moins le double, sinon le triple. On choisira donc des hameçons offrant le meilleur équilibre entre degré de pénétration et résistance à l'arrachement. Le piquant d'un hameçon est un atout essentiel à ne pas négliger. Il doit être vérifié du bout du doigt, avant chaque lancer, éventuellement réajusté par quelques coups de pierre à aiguiser. Sable, gra-

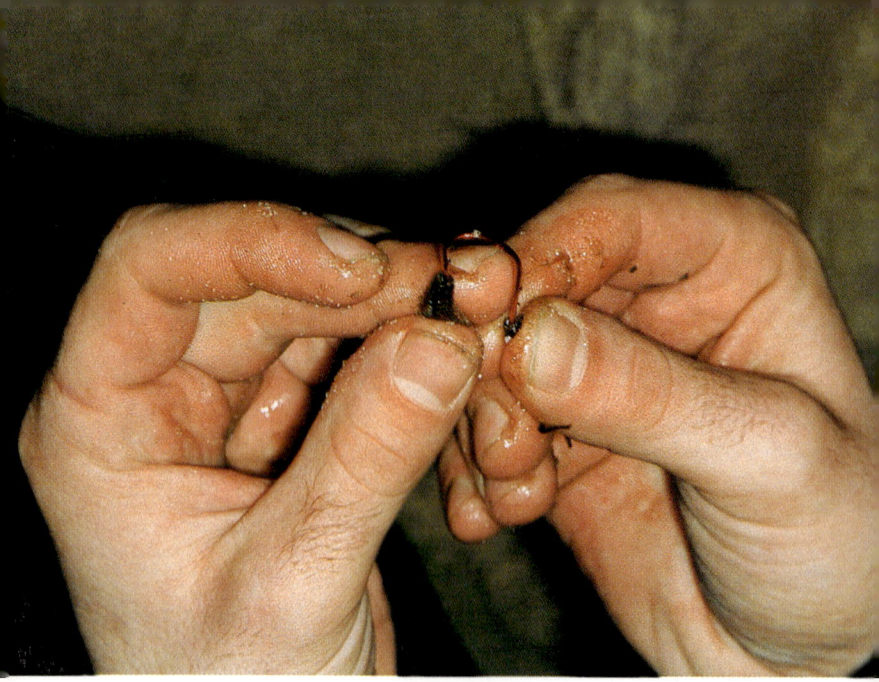

Les hameçons pour escher les vers doivent être très piquants. Les ergots sur la hampe maintiennent le ver lors du lancer.

vier, roches… et poissons finissent par venir à bout des pointes les plus résistantes. Au moindre doute, réaffûtez ou changez-en. Quoi qu'il en soit, après chaque belle prise, utilisez un hameçon neuf. Évitez de réutiliser des hameçons qui auraient déjà servi ou ceux sur lesquels apparaissent les premières traces de corrosion. Le prix des hameçons, même de très bonne qualité, reste modique et des économies sur ce plan risquent de coûter cher en décroches ou ratés à la touche ! Pour être prenant, un hameçon doit se faire oublier. Enrobé par un ver bien loché, enfoui dans les entrailles d'un casseron, rien ne doit apparaître du métal sinon la pointe acérée et l'ardillon bien dégagé.

La couleur a son importance et surtout le brillant. Cela est particulièrement vrai pour les pêches aux poissons difficiles comme la daurade ou le mulet. Pour les chasseurs comme le bar, la chose a peut-être moins d'importance, mais il est des jours où ils sont si méfiants, suçotant le bout des appâts, qu'il vaut mieux réduire les risques en proposant une présentation optimale. On utilisera donc de préférence des hameçons de couleur mat, celle-ci restant la plus proche de la couleur naturelle de l'esche. Noirs, bronzés et rouges pour les vers, étamés pour les céphalopodes et coquillages, noirs pour les crabes.

Le poids de l'hameçon a aussi son importance. Il s'agit là aussi d'éviter de modifier trop le poids de l'appât qui perdrait alors de son attrait naturel et serait rejeté immédiatement. On choisira donc les modèles les plus légers, en particulier pour les esches de petite taille : crevettes, machottes, jumbos, vers à tube, etc. La taille de l'hameçon et surtout son adéquation avec celle de l'appât sont essentielles.

Mais si l'hameçon doit être piquant et discret (les fins de fer paraissent alors les meilleurs), il doit aussi être solide et résister à la puissance des mâchoires de certains poissons comme les daurades, les balistes, les congres, etc. Les progrès faits ces dernières années sont énormes : alliages à fort taux de carbone et affûtage chimique ont permis de répondre au mieux aux attentes des pêcheurs. Mais le meilleur concepteur ne pourra jamais penser à la place du pêcheur en situation qui seul saura réellement s'adapter. Nous nous en tiendrons ici à présenter les formes les plus courantes permettant de répondre à la plupart des situations rencontrées en surfcasting et surtout des appâts utilisés.

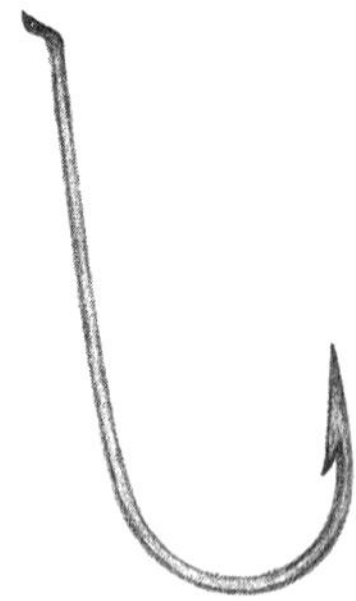

droit tige longue, fin de fer

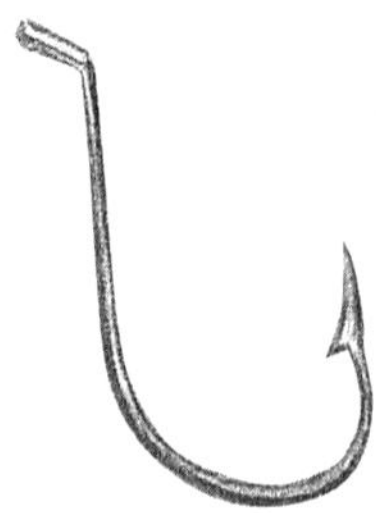

octopus

Les hameçons droits à tige longue

Considérés comme l'idéal pour la pêche aux vers de petite taille (jumbos, gravettes, miracles…) – en offrant une présentation longiligne –, la plupart ont tendance à laisser glisser le ver le long de la hampe. Pour pallier ce glissement de l'appât, certains fabricants ont disposé des ardillons sur la hampe. Ces derniers ont l'avantage d'être bronzés, contrairement aux premiers, nickelés. S'ils sont essentiellement prévus pour pêcher au ver, ces hameçons sont aussi l'idéal pour pêcher avec du couteau, mais surtout des poissonnets comme les lançons ou équilles. La tige longue permet, en piquant le poissonnet par la bouche, de faire ressortir la pointe au niveau de l'estomac et d'offrir une bonne présentation de l'appât : la tête est rigide alors que la queue reste mobile et s'agite naturellement

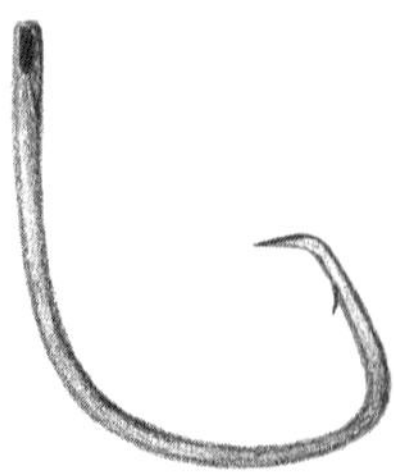

circle hook

Les hameçons à tige longue fins de fer sont parfaitement adaptés pour une présentation de l'appât dans toute sa longueur.

dans la vague. Ce sont des hameçons à destination des chasseurs comme les bars et les pigayes, qui avalent goulûment leur proie. Pour les chipoteurs comme les sparidés et surtout la daurade royale, je préfère les renversés à tige courte.

Les hameçons renversés

Au lieu d'être lochés uniquement sur la hampe, vers, couteaux ou poissonnets peuvent être étirés au-delà, le long de l'empile. L'avantage de l'hameçon renversé est d'être moins facilement recraché par le poisson et leur tige courte permet d'être avalée plus facilement par des poissons méfiants comme les daurades, les autres sparidés et les mulets, dans les petites tailles. Ces derniers permettent aussi de pêcher avec de petits coquillages : coques, moules, amandes ou palourdes… qui vont tenter tous les sparidés. Appâtés avec des vers, arénicoles, pistiches, vers à tube ou cordelles, ils seront très prenants pour bars, soles et sparidés. Leur pointe rentrante a toutefois le défaut de se ficher dans certaines esches comme les céphalopodes ou certains coquillages de grosse taille (pholades). Le piquant disparaît alors dans la chair de l'appât et perd son pouvoir de pénétration. Pour ce type d'appâts, on utilisera plutôt des séries « octopus », nickelés pour la plupart (mais avec de tels appâts, cela a peu d'importance).

Les hameçons octopus

Forts de fer, ils sont résistants, prévus pour les grandes pêches, mais méritent un affûtage régulier, surtout après une prise. Comme leur nom l'indique, ils sont essentiellement destinés à pêcher avec des céphalopodes (seiches, encornets, poulpes…) visant les grosses pièces : bars, maigres, congres, raies, requins… On les choisira de préférence dans les grandes tailles, un 6/0 n'ayant jamais fait peur à une loubine de 10 lbs ! Ils permettent aussi d'escher certains vifs de belle taille (mulets, sardines…) et de tenter ainsi courbines et requins. Des modèles spécialisés pour la pêche de la dorade au crabe existent, tels ceux dits « hameçons à crabe » dont la courbure épouse parfaitement les rondeurs du crustacé.

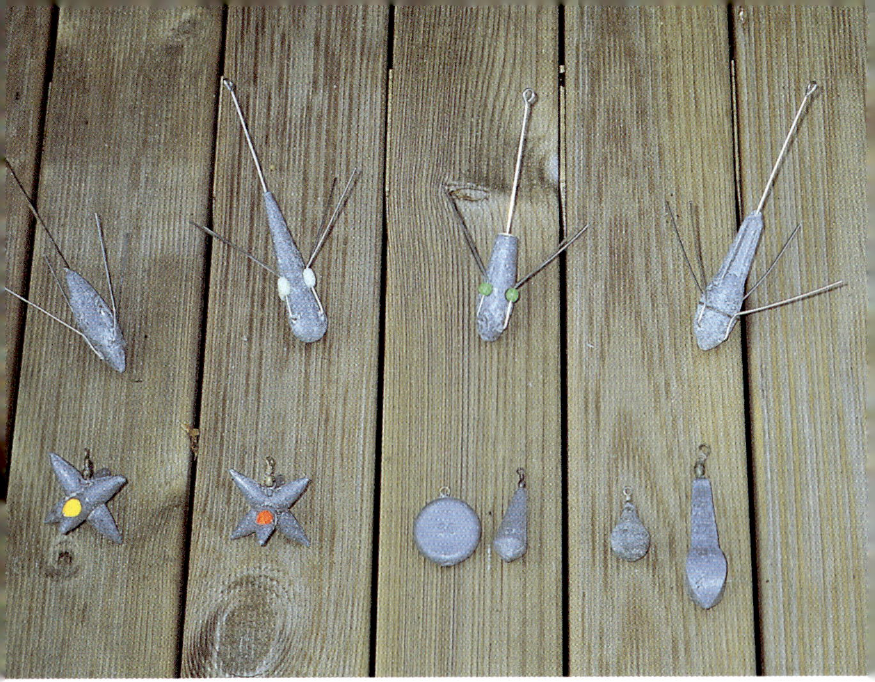

Les plombs pour le surfcasting prennent différentes formes selon la pêche que l'on souhaite pratiquer, l'état de la météo et la nature des fonds.

Les plombs

Les plombs sont depuis longtemps le lest le plus couramment utilisé par les pêcheurs. Ils permettent de caler lignes et filets sur le fond. Pour le surfcasting, il s'agit d'un ustensile indispensable, pas toujours bien utilisé, mais sans lequel il serait impossible de lancer sa ligne, ne serait-ce qu'à quelques mètres devant soi. Le poids idéal est un compromis entre une légèreté et une performance optimales pour la canne. On peut imaginer que les premiers plombs des pêcheurs à la ligne en bord de mer, bien avant qu'on parle de surfcasting, se résumaient à de simples galets ou autres cailloux. Le plomb, grâce à sa densité et donc son faible volume, les a remplacés progressivement et les pêcheurs à la fourche d'après-guerre utilisaient déjà les premiers grappins pour traquer les maigres de la côte atlantique.

Les grappins

Ce lest représente une première évolution technologique par rapport au seul poids mort des premiers plombs. À sa masse s'ajoutent les griffes de laiton ou de fer qui vont ancrer le plomb sur le fond, au même titre qu'une ancre de bateau et on peut imaginer que c'est cette dernière qui a stimulé l'imagination créative des pêcheurs. Encore régulièrement utilisés aujourd'hui par certains pêcheurs, ces grappins restent d'actualité et évoluent dans leur conception. L'arrivée sur le marché des plombs dits « dégrafables », avec des griffes en acier qui se bloquent dans une encoche sur le corps du plomb, avec ou sans perles, règle en partie le problème évoqué précédemment. L'ancre représentée par le plomb se libère à la traction et la remontée du bas de ligne se fait sans difficulté. Il arrive pourtant qu'on perde encore de ces plombs par ensablement et, au regard de leur prix, il vaudrait mieux l'éviter. Le problème repose sur le réglage des griffes, plus ou moins serrées sur le corps du plomb : s'il est trop dur, le dégrafable se comporte comme un grappin classique et perd tout ses avantages ; s'il est trop mou, les griffes vont se libérer à la première poussée d'une vague un peu forte, et la ligne se mettra à dériver avec le courant. Il faut donc trouver le réglage précis du serrage des griffes, permettant une accroche suffisante et une libération instantanée à la traction du pêcheur.

Les autres plombs de surf

Les grappins sont des plombs bien adaptés pour les bas de ligne en potence. Un traînard, surtout si la mer « brasse » beaucoup, aura souvent des difficultés à ne pas se transformer en une pelote inextricable. Aussi préférerons-nous utiliser d'autres types de plombs, selon que l'on pêche à poste fixe ou en dérive. Si l'on souhaite que le bas de ligne reste en place (pêche à poste fixe), châtaigne et étoiles seront préférables. Elles permettent, grâce à leurs ergots plus ou moins développés, une accroche sur le fond, moins sensible que celle des grappins, mais suffisante pour que la ligne ne se mette pas à dériver à la première vague un peu forte. Leur inconvénient reste leur cx (coefficient de pénétration dans l'air) qui réduit sensiblement la distance de lancer. Mais, vous le savez, les poissons ne sont pas toujours à des distances lointaines de la côte. S'il est essentiel pour une ligne une fois lancée de rester en place, dans un certain nombre de cas on cherchera à lui permettre de dériver, plus ou moins lentement. Les grappins seront alors bannis et on se rabattra sur des formes moins « accrocheuses ». La mer ne devra alors pas être trop forte pour éviter de voir sa ligne revenir sur la plage en quelques minutes. Dans ces occasions de mer belle avec faible courant, on pourra abaisser le grammage au minimum, cherchant à donner au bas de ligne une légère dérive qui va lui faire balayer un espace très large.

Les plombs utilisés pourront être alors de différentes formes : montres, bombes, profilés style plombs à carpe, ou tout simplement palangres. Pêchant au coulissant, ce qui peut être utile en cherchant la dorade ou la sole par mer belle, les antiques plombs plats à ergots restent d'actualité et gardent l'avantage de dériver à l'horizontale.

Les plombs de dépannage

En zone rocheuse, il est parfois onéreux de risquer à chaque lancer quelques euros de matériel qui vont rester au fond après une touche, ce qui est souvent le cas quand on pêche le congre ou le tout venant en zone encombrée. Tout ce qui pèse un poids minimum et qui dispose d'une forme permettant un lancer minimum sera bon : bougies de voiture usagées, plombs de récupération, boulons, écrous… J'ai même vu des pêcheurs qui traquaient le congre au Verdon-sur-Mer avec des plaquettes de frein usagées ! Ces lests seront systématiquement précédés d'un cassant, car neuf fois sur dix ils resteront bloqués entre deux rochers ou dans une épave. Et si à la touche le poisson regagne son trou, vous ne perdrez qu'un morceau de fil et un hameçon.

Comme on l'a vu, les formes de plombs sont multiples, chacune permettant la meilleure adaptation aux conditions de pêche. Le pêcheur de surf doit donc disposer dans sa boîte d'un échantillonnage suffisant pour tirer le meilleur profit de l'endroit où il lance sa ligne, de la nature du fond, du moment de la pêche, des conditions de vent, de marée, de courants…

Pages suivantes
Adapter son plomb en fonction de l'état de la mer et de la puissance de sa canne, c'est s'assurer une pêche agréable et une capacité de lancer optimum.

Les fils à lancer

Il est essentiel de connaître les qualités des fils que l'on emploie car, de l'attaque du poisson jusqu'à l'issue du combat, tout repose sur cette ligne et de la façon dont on va s'en servir. À noter deux innovations majeures en la matière : la première, le Nylon et ses dérivés, offrant des monofilaments de plus en plus résistants à section égale, mieux protégés contre l'abrasion, les UV, le sel, etc. ; et, plus récemment, les multifilaments, d'abord utilisés pour des bas de ligne résistants puis, vers la fin des années 1990, pour le lancer et la traîne.

Ce que l'on appelle « corps de ligne », c'est toute la longueur du fil enroulé sur le moulinet et qui se termine à l'attache du bas de ligne. C'est la section de cette ligne qui permet d'établir des records comme ceux officialisés par l'I.G.F.A.

Les fils se mesurent soit par leur section (par ex. : 30/100, soit 0,3 mm), soit par leur résistance à la traction (8,5 kg ou 17 lbs…). La qualité de ces fils est essentielle car de leur résistance dépend la prise du poisson, sachant qu'on essaiera autant que possible d'utiliser les sections les plus fines, les plus souples et les plus résistantes. Plus un fil est de faible section, plus il permet de lancer loin, à condition de prendre certaines précautions, comme la fixation d'un « arraché » – section intermédiaire entre le corps de ligne et le bas de ligne – pour résister aux lancers puissants et aux lourdes plombées.

Les monofilaments

Le problème des monofilaments en Nylon reste leur faible longévité malgré des traitements de plus en plus sophistiqués les protégeant contre le soleil et ses ultra-violets, le sel dont sont chargés les embruns maritimes… Les Nylons vieillissent mal et un renouvellement régulier des bobines est indispensable. Il faut savoir que le Nylon vieillit, même lorsqu'il n'est pas utilisé et que les bobines neuves doivent être stockées à l'abri de la lumière.

En usage régulier, le corps de ligne doit être renouvelé au moins deux fois par saison, voire plus, si l'on pêche quotidiennement. Des tests ont montré que la seule exposition aux embruns et au soleil entraînerait une perte de résistance de près de 20 % en un mois !

La qualité d'un Nylon s'estime selon sa résistance, bien sûr, mais aussi selon sa souplesse, son absence de mémoire et donc de vrillage, permettant un déroulement régulier de la ligne au lancer, ainsi qu'une bonne résistance aux nœuds, éléments indispensables de liaison du bas de ligne et fragilisant l'ensemble selon leur qualité. La finesse des fils d'aujourd'hui implique l'usage d'arrachés comme on l'a vu précédemment. L'arraché est constitué d'une longueur de Nylon (deux fois celle de la canne, soit 8 à 12 m) de diamètre supérieur au corps de ligne et supportant des lancers puissants. L'arraché permet aussi à la partie terminale du corps de ligne de mieux résister à l'abrasion sur le sable et de pêcher en zone encombrée (roches isolées, coquillages...).

Les multifilaments

Révolution dans la conception des fils de lancer, les multifilaments étaient délaissés jusqu'au début des années 1990 du fait de leur extrême souplesse, cause de nombreuses perruques difficilement évitables. Les fabricants proposent aujourd'hui des produits de très bonne qualité, mais qui nécessitent l'usage de moulinets adaptés. L'enroulement du fil sur la bobine doit être régulier et croisé pour se dévider correctement au lancer.

Des moulinets à tambour fixe, dits « à oscillation » et « à enroulement croisé », permettent d'utiliser ces multifilaments comme les monofilaments avec un certain nombre d'avantages non négligeables : ces tresses en composites divers ont une résistance linéaire trois fois supérieure à un monofilament classique. Ainsi, un 22/100 résiste à une traction de 12 kg, alors qu'il faut atteindre 40/100 en monofilament pour disposer d'une résistance équivalente. Sans aucune mémoire, ces fils ne vrillent pas, n'ont aucune élasticité et mettent le pêcheur en contact direct avec le poisson (le moindre déplacement, la plus infime tirée devient perceptible...) et enfin leur résistance à l'abrasion est vingt fois supérieure aux monofilaments. Malgré leur prix élevé, les multifilaments sont donc rapidement amortis puisqu'on peut les utiliser au moins une saison complète à un rythme de pêche intense, voire plusieurs saisons, pour des pêches moins régulières.

Attention au lancer avec les multifilaments qui peuvent entailler le doigt si on n'y prête gare. Un protège doigt en cuir est la bonne solution et évitera ce genre d'incident qui peut rendre une partie de pêche désagréable au possible avec le sel sur une blessure.

Les accessoires

En plus du matériel de pêche de base (cannes, moulinets, fils, plombs, hameçons...), le pêcheur de surfcasting doit disposer de certains éléments nécessaires, voire indispensables. Les marches dans le sable étant régulières et parfois importantes, un équilibre reste à trouver entre le matériel utile et le superflu qui vient alourdir inutilement les bagages. Ce sera à chacun de faire ses choix, mais attention toutefois à ne pas sacrifier l'essentiel pour le confort de la marche.

Les supports de cannes

Dans cet univers de sable, les cannes doivent rester en place et résister tant au mouvement des vagues qu'à la traction puissante d'un beau poisson. Le surf d'attente implique que les cannes soient fixées solidement. Sauf à pêcher « canne en main », les piques métalliques qu'on enfonce dans le sable et qui viennent recevoir les cannes sont un outil indispensable au pêcheur en surfcasting. Les premières cannes de surf, qui disposaient d'une pique intégrée dans le talon, pouvaient s'avérer dangereuse en cas de chute, pour le pêcheur ou au moins pour ses vêtements. Ces modèles sont aujourd'hui peu courants. On choisira de préférence des piques indépendantes en aluminium, légères et insensibles à la corrosion, et facilement transportables sur le sac à dos. Certaines disposent d'un ergot sur le côté sur lequel peut se poser le seau à appâts, le sac à poisson, etc.

Sur des sols durs (roches, graviers, galets...) où les piques

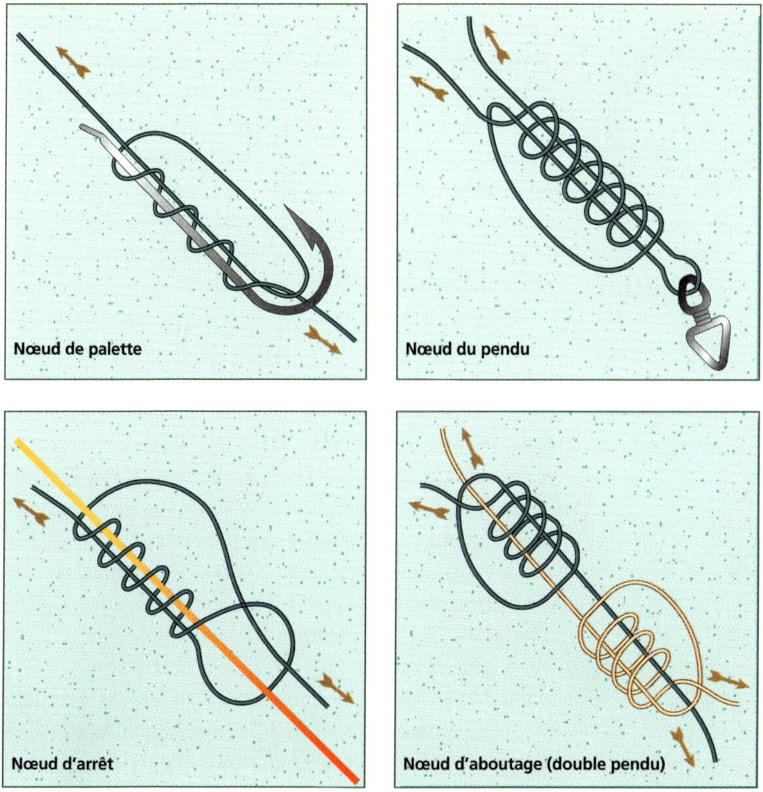

Les principaux nœuds utiles à la préparation des bas de ligne.

sont inefficaces, on utilisera des supports en trépieds permettant de poser une ou deux cannes en batterie. Les trépieds peuvent aussi être utilisés sur le sable, mais offrent une moins bonne stabilité à la canne, surtout si la mer est agitée…

On peut ajouter aux piques prévues pour les cannes une pique supplémentaire à la seule vocation de laisser du matériel à proximité du pêcheur dont les pieds baignent dans 20 cm d'eau. Ces piques d'environ 1,50 m disposent de crochets permettant de fixer chacun des accessoires et certains y fixent même une planchette en bois pour supporter boîtes de vers et morceaux d'appâts qui pourront y être découpés en toute tranquillité.

Le sac à poissons est un accessoire utile – et léger, quand il s'agit comme ici d'un sac en toile perméable –, qui permet de garder son poisson frais jusqu'au départ.

La boîte à pêche

Atteindre la bonne baïne, suivre l'évolution de la marée, changer de coin, etc., implique des déplacements. Il est donc nécessaire de voyager le plus léger possible, sachant qu'un minimum de matériel de rechange est indispensable. On prévoira par canne trois exemplaires de chaque type de plomb : châtaignes ou étoiles (80 à 120 g), grappins dégrafables (120, 150 et 175 g), plomb bombe (80 et 120 g), ce qui finit par représenter un poids sensible dans le sac. Un moulinet de rechange ainsi qu'une ou deux bobines supplémentaires, du fil à lancer (500 m), du fil à bas de ligne et à arraché (100 m), du fil à avançons (100 m). Différents modèles d'hameçons en plusieurs tailles et des bas de ligne de rechange, prêts à être fixés sur l'émerillon terminal de l'arraché.

Il ne faut pas hésiter à changer de bas de ligne, dès que celui qu'on utilisait commence à vriller. Ne jamais réutiliser avançons et hameçons ayant servi à une sortie précédente, une casse sur un beau poisson à cause d'une telle négligence est impardonnable ! Dégorgeoir, pinces, écarteur (congre), aiguille à ver et aiguille à vif viendront compléter l'ensemble.

Les ustensiles pour la conservation des appâts

Les appâts seront pour la plupart conservés au frais, surtout en été. Une glacière est donc indispensable. Chaque type d'appâts sera conservé séparément, chaque espèce de vers aussi. Des boîtes plastiques étanches permettent cette séparation et un rangement pratique dans la glacière. On ne sortira de la glacière que la réserve minimale, placée dans de petits seaux accrochés à chaque pique.

Le sac à poissons

Une bourriche métallique ne sera pas suffisamment protégée de la corrosion saline et rendra l'âme après une dizaine de sorties. On préférera donc des sacs : de simples sacs en toile de jute humidifiés qui assurent une bonne préservation des prises ou encore un filet d'épuisette attaché par une corde au pied d'une pique et laissant les prises baigner dans la vague et garder leur fraîcheur. Avant de quitter la plage et sauf à vouloir présenter un poisson record, on videra les poissons et on les rincera à l'eau de mer : ils restent ainsi très frais et supportent sans difficulté le voyage de retour.

Le matériel de nuit

Hormis les éléments d'éclairage des scions pour repérer les touches et dont on parlera plus loin, une lampe torche, ou mieux, une lampe frontale, permet de préparer ses lignes, décrocher son poisson, appâter... dans l'obscurité tout en se repérant. Chaque élément du matériel (piques, sacs, vêtements, plombs, boîtes à appâts...) se retrouvera sans difficulté si on lui fixe une pastille d'adhésif réfléchissant. Il n'y a rien de plus énervant que de passer un quart d'heures à chercher sa boîte à appâts, alors que les touches se succèdent à un rythme régulier et que vos collègues sortent poisson sur poisson !

La nuit, même en plein été, la fraîcheur et l'humidité dominent. Des vêtements chauds et imperméables doivent donc toujours être prévus dans le sac, ainsi que des boissons chaudes et de quoi s'alimenter. Une bonne paire de waders en néoprène assurera votre protection thermique et vous permettra d'entrer dans l'eau pour lancer ou combattre un poisson.

On le répétera une dernière fois : la nuit, pêcher sur les plages peut être risqué et il est recommandé de partir à plusieurs pour pallier tout danger et se porter mutuellement secours. On évitera aussi de prendre des risques inconsidérés en s'avançant trop loin vers le large ou en essayant de traverser les baïnes.

Déploiement du matériel dans la bonne humeur : prémices d'une pêche agréable.

La tête d'encornet ou de seiche est un appât de premier ordre pour le bar.

Les appâts pour le surfcasting

Les esches qui intéressent les poissons de mer sont innombrables. De fait, tout le monde mange tout le monde. À partir de ce principe, toute vie animale trouvée en bord de mer est susceptible stimuler l'appétit des poissons. Pourtant, si ce principe est indéniable, chaque espèce a ses préférences et c'est en présentant le bon appât au bon moment que l'on aura les meilleures chances de réussir une sortie.

Les céphalopodes

On l'a déjà vu, on prendra de gros poissons avec de gros appâts et les céphalopodes nous offrent cette possibilité : leur taille et de leur excellente tenue à l'hameçon ouvrent les perspectives de superbes prises.

Les encornets

En premier lieu, les encornets, calamars, chipirons ou sépions – les plus tendres des céphalopodes – sont particulièrement prisés par nombre d'espèces : bars bien sûr, mais aussi maigres,

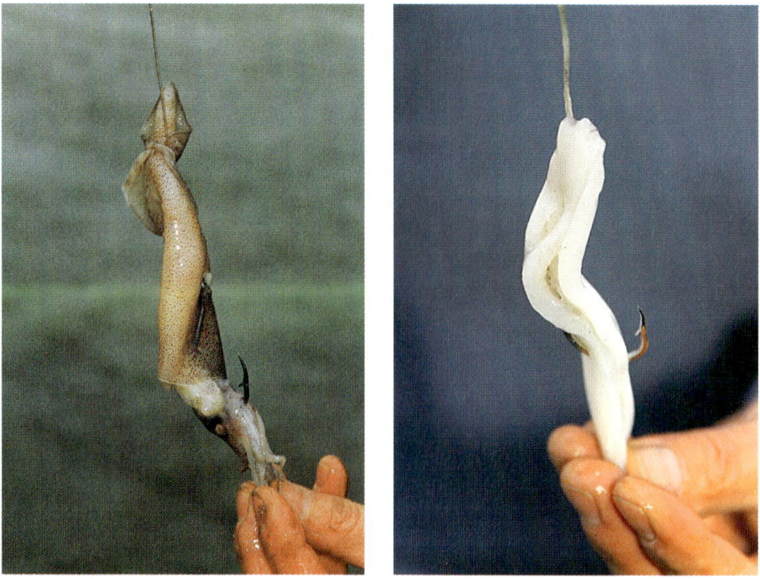

L'encornet est un appât de choix – qu'il soit entier sur l'hameçon (à gauche), ou découpé en lamelles (à droite).

sars, raies, congres... De petites lamelles permettent de prendre aussi turbots, maquereaux, lieus, orphies, merlans...

Les seiches

Quand on recherche de belles pièces, on utilisera plutôt les seiches, plus volumineuses et à la chair plus ferme. Si les petits spécimens de 5 à 10 cm, appelés casserons, permettent de viser des poissons de 2 à 5 kg, dès qu'on s'essaye à une pointure supérieure (gros bars, maigres, liches, raies, requins...), il ne faut pas hésiter à pêcher avec des pièces de 300 à 500 g, voire plus ! Cette recherche de poissons d'exception se fait la plupart du temps à reculer, technique qui implique quelquefois plusieurs heures d'attente, d'où la nécessité d'utiliser des esches qui résistent à l'attaque du fretin nettoyeur d'hameçons.

Les poulpes

Restent les poulpes, dont on utilisera les bras, pelés, très résistants, mais au pouvoir attractif limité, comme si les poissons préféraient les chairs plus tendres. On s'en servira alors

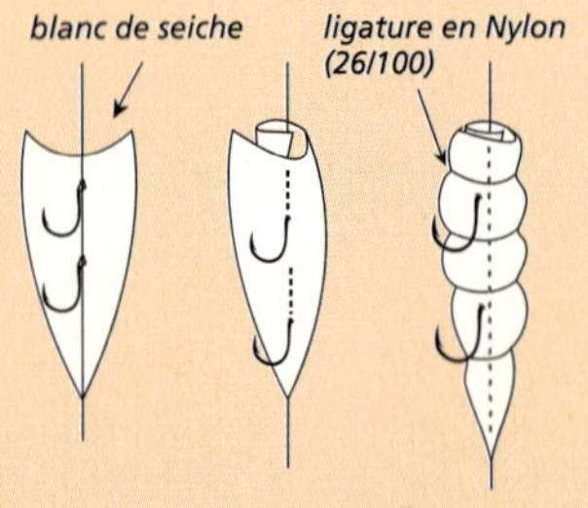

Rouler le blanc sur lui-même et piquer les hameçons en dégageant la pointe.

Eschage d'un « rôti » de seiche.

quand on n'a rien d'autre sous la main ou lorsque le fretin nettoie les hameçons chargés de céphalopodes plus fragiles.

Les poissonnets

La plupart des poissons que nous recherchons se gavent régulièrement de leurs congénères, quand ce n'est pas de leur propre espèce. Il s'agit bien sûr des poissons chasseurs tels que les bars, maigres, requins, dentis, liches, tassergals, maquereaux, orphies et turbots que l'on traque au poisson mort, au vif ou aux leurres. Mais aussi de ceux qui se nourrissent essentiellement de poissons morts, comme les raies ou les congres... Les poissonnets utilisés pour les pêcher sont innombrables, la formule tout le monde mange tout le monde étant particulièrement vraie ici.

Les poissons gras

Partant des plus petits, il s'agit essentiellement des sprats, anchois et, plus gros, des sardines et maquereaux, qu'on ne pourra se procurer la plupart du temps uniquement en commerce. Ces poissons gras se congèlent mal et il faudra en trouver de très frais qu'on raffermira en les mettant au sel quelques heures. Attention à ne pas les laisser trop longtemps, leur consistance devenant plus ferme, heure après heure. Ils perdent alors beaucoup de leur pouvoir attractif venant du nuage d'huile parfumée qui s'écoule de leur corps quand, frais, ils sont fixés à l'hameçon. Ce sont des poissons qu'on ne pourra utiliser que morts, mais qui peuvent intéresser de nombreuses espèces de toute taille, des bars moyens aux raies et congres, mais aussi la plupart des autres espèces et jusqu'aux bonites et grands thons rouges de Méditerranée, en pêchant au broumé. Sardines, chinchards et maquereaux se prennent facilement à quelque distance du bord en pêchant à la mitraillette, soit un train de plumes terminé par une cuiller. Leur recherche se fera en suivant les chasses de

mouettes, sachant que si elles poursuivent les bancs de poissonnets, ces derniers sont suivis de près par leurs prédateurs et définissent ainsi la zone de pêche. Cela pour la pêche en bateau. Pêchant du bord, depuis une jetée, on peut parfois prendre maquereaux, chinchards et orphies à la plume, et à quelques dizaines de mètres seulement, mais la période faste se limite au printemps (maquereaux, sardines) et à l'été (chinchards).

À GAUCHE
Les anchois, petits poissons gras qui intéressent tous les prédateurs.

À DROITE
Le lançon est un appât très efficace pour le bar, en pêche de jour notamment.

Les athérines-prêtres

Parmi les petits poissons utilisés comme appâts, restent les athérines, dites pretros ou trogues, et les lançons et équilles. Ceux-ci sont tout à fait accessibles au pêcheur de bord et peuvent se conserver vivants plusieurs jours. On pêche les athérines dans les ports, en bout de jetées, dans des eaux calmes, soit avec une mitraillette adaptée (perles à facettes, hameçons n° 6), soit avec de petites lignes à coup et hameçons de douze eschés avec des morceaux de vers ou de coquillages. Enfin, et c'est bien plus rapide, avec une balance qu'on amorce avec une strouille de moules et de crabes écrasés et du sable. On ne conservera vivants ces poissonnets qu'en les mettant dans des récipients bien oxygénés (bulleurs) et en petit nombre (une dizaine pour un seau de 7 l est un maximum). Il en est de même pour les lançons qui survivent mal, surtout quand il fait très chaud. La conservation se fera de la même façon, mais de préférence dans une glacière qui contiendra un pain de glace pour maintenir l'eau à une température minimale, jusqu'au lieu de pêche.

Les différentes possibilités d'eschage d'un lançon.

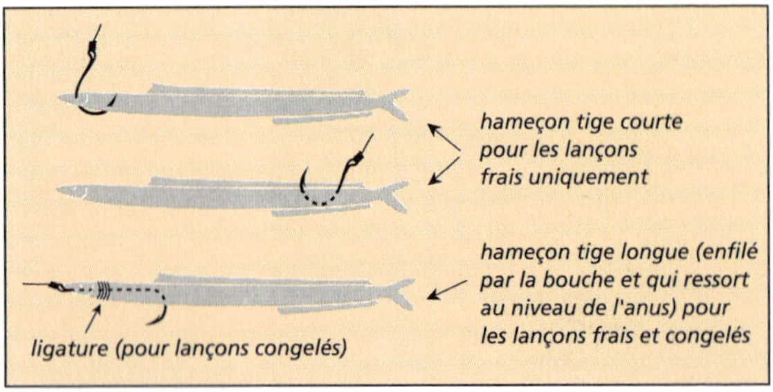

Les lançons

Ils sont quasiment introuvables dans le commerce, mais peuvent se pêcher facilement dans les baïnes avec un filet de 4 à 8 m qu'on tire à deux. Un seul coup de filet peut rapporter suffisamment d'appâts pour une nuit de pêche ! Évitez alors le gaspillage et ne gardez que la quantité qui vous est nécessaire.

Ils s'attrapent aussi à marée basse en creusant un sillon sur la plage. La rapidité sera de mise pour cette technique, car il faudra peu de temps au lançon pour s'ensabler devant vos yeux. Si on peut conserver vivants quelques spécimens pour pêcher au vif, les lançons meurent vite et se corrompent encore plus rapidement.

Il faudrait, si l'on veut les garder longtemps, les congeler dès leur sortie de l'eau. La glacière est en tout cas indispensable le temps de la partie de pêche, surtout en été. Si on veut en congeler quelques-uns, on devra alors les saler légèrement, avant de les ranger par groupes de vingt dans de petits sacs à congélation.

Arrivé sur le lieu de pêche avec ces appâts encore durcis par le gel, on mettra les sacs dans un seau d'eau, puis selon la température extérieure, on les mettra à sécher sur le sable, quand il fait chaud, ou on les laissera dans le seau d'eau de mer, qu'on renouvellera souvent si la température l'exige. Ils devraient ainsi garder leur fermeté et permettre de pêcher plusieurs heures.

À GAUCHE
Le pistiche, ou mourron, est l'un des vers les plus prenants et un de ceux qui tiennent le mieux à l'hameçon.

À DROITE
Les vers à tube, difficiles à trouver, restent l'idéal pour la pêche de bars et de daurades.

Les vers

S'il est un appât des plus couramment utilisé en bord de mer, ce sont bien les vers, de toutes espèces. Peut-être en appui sur de vieilles habitudes de pêcheur d'eau douce pour lesquelles le lombric et le vaseux sont universels, le pêcheur de bord de mer a une prédilection pour ces appâts qui tentent la plupart des poissons de nos côtes. Qu'il s'agisse de vers locaux: l'omniprésente arénicole, vérot, ver de Capbreton ou ver du Bassin, les néréides, blanches et rouges, les ophélies ou vers bleus, les vers à tube, les pistiches ou mourrons, les bibis, les vers miracle... ou des vers d'importation: jumbos, américains, cordelles (leur pouvoir attractif est tel que peu de poissons y restent insensibles).

La plupart des vers se ramassent dans les zones sablo-vaseuses découvertes à marée basse. Certains, comme les arénicoles, se repèrent grâce à leurs excrétions rejetées sous forme de tortillons à proximité de leur trou. Il suffira de bêcher avec une fourche dans cette zone pour faire sa récolte. Les vers, une fois ramassés, doivent être nettoyés et placés dans une boîte en bois, non peinte, puis recouverts de goémon humide. Ils tiendront ainsi toute une partie de pêche, à condition de les laisser à l'ombre et au frais. On peut tout aussi bien les conserver dans de l'eau qu'on doit renouveler régulièrement, surtout si elle commence à rougir.

Si l'on souhaite les conserver quelques jours, mieux vaut, une fois nettoyés et séchés, les placer par dizaines à plat sur un journal et, le papier replié, les garder ainsi au réfrigérateur. Enfin, les vérots, comme d'autres vers (pistiches, à tube,

Un plateau à vers (ici des arénicoles) où l'on fera sa provision avant de partir en pêche.

Eschage des vers fragiles.

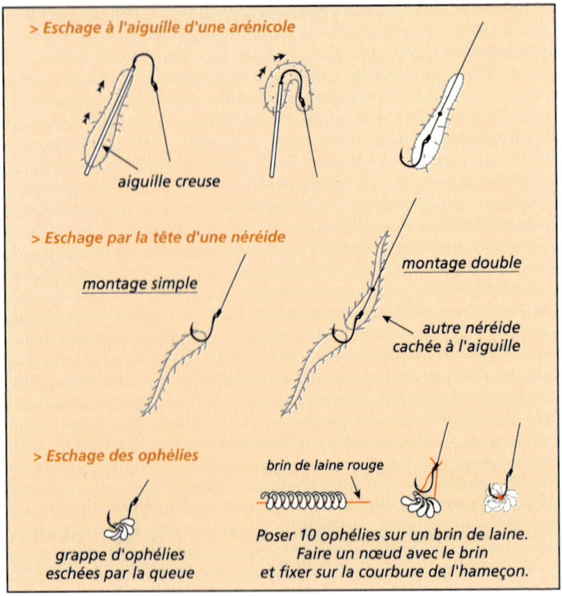

jumbos...) peuvent se conserver salés. Les vers nettoyés doivent être installés à plat sur un journal et recouverts de gros sel pendant une dizaine de minutes. Ensuite, il faut débarrasser chaque ver du sel avec du papier éponge et les ranger dans une boîte. Ils peuvent ainsi se conserver plusieurs mois. Attention toutefois à ne pas mélanger morceaux sanguinolents et vers intacts, les premiers se corrompant rapidement et entraînant la mort des autres. Enfin, évitez toujours de mélanger les espèces, les unes pouvant tuer les autres et fai-

> En haut à gauche

Les arénicoles permettent des prises variées.

> En haut à droite

Les vers américains : vers d'importation face auxquels peu de poissons restent insensibles.

> Ci-contre

Les bibis comptent parmi les meilleurs appâts pour la dorade royale.

re de votre récolte une bouillie inutilisable. Une exception toutefois : si vous recherchez les soles, celles-ci étant friandes de vers avariés aux effluves puissants, réservez-leur ceux de votre sortie précédente et dont vous compenserez la mauvaise tenue à l'hameçon en y mettant le nombre. Une boule d'arénicoles en pleine décomposition a toute les chances de les intéresser.

Pour les garder frais, bibis, pistiches, gravettes et vers à tube doivent rester dans leur milieu, soit dans un seau d'eau propre renouvelée régulièrement, qu'on aérera avec un bulleur et qui devra rester à l'ombre et au frais. Enfin, les ophélies se garderont sans problème dans le sable de leur environnement proche, naturellement humide. Mieux encore, faites comme les anciens pêcheurs des Landes qui les stockaient dans un vieux béret où se maintient l'humidité. Les vers d'importation sont conditionnés dans des boîtes en carton qui permettent de les conserver une à deux semaines, soit au frais (jumbos, américains, demi-dures…), soit en milieu ambiant (cordelles).

Les machottes, petits crustacés des sables, sont des appâts très efficaces.

Les crustacés

Les crustacés ont pour particularité de posséder une armure cornée, dont on peut se demander quelle est son utilité, puisque la plupart des poissons font fi de cette protection et s'en régalent sans vergogne. La sapidité de ces animaux, attrait que nous partageons avec les poissons, est sans doute ce que la plupart des poissons convoitent.

Les bouquets

Elles sont des plus accessibles et on peut les pêcher dans des flaques à marée basse ou en poussant devant soi une épuisette (dite « pousse-avant ») à la limite de la marée basse ; ou encore avec une balance, dans un port, qu'on alimentera avec des morceaux de poissons comme maquereaux ou sardines. Elles se conserveront plusieurs jours dans un panier aéré (en osier, par exemple) sur un fond de goémon, qu'on humidifiera régulièrement et qui restera à l'ombre et au frais. Cela reste peu recommandé en été, où il faudra les conserver dans une glacière emplie d'eau de mer, rafraîchie d'un pain de glace et aérée avec un bulleur. Les crevettes ne sont en effet prenantes que vivantes, particulièrement pour les bars. Dès que leur aspect s'opacifie, elles n'intéressent plus grand monde. D'où la difficulté de les conserver longtemps. On peut congeler les plus gros spécimens, dont les gambas, qui seront utilisées coupées en petits morceaux essentiellement pour les sars et daurades.

Les crabes

Ils se ramassent à la main, sur l'estran, sous des rochers, des lagues, des piliers… partout où ils se sentiront à l'abri de leurs prédateurs. Et ils sont nombreux ! Bars, daurades, sars, raies, congres… la plupart des poissons utilisent le crabe, au moins partiellement, dans leur régime alimentaire. Leur conservation est des plus simples, dans un seau ou un panier, gardé à l'ombre et au frais. Même si bien des poissons (bars, daurades) les consomment sans difficulté malgré leur carapace protectrice, ils deviennent des proies appréciées de

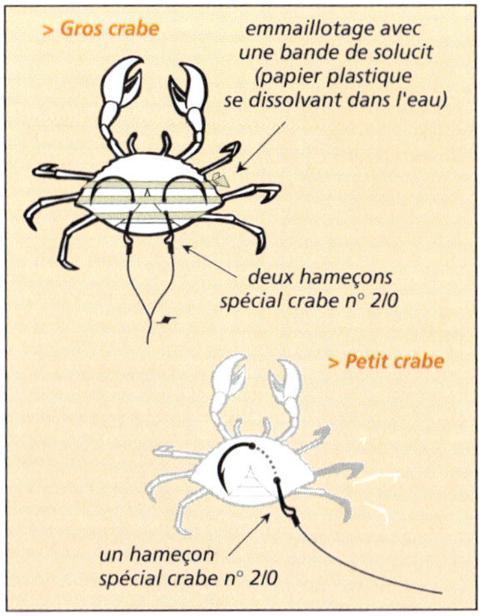

Les effluves du crabe mou attirent nombre d'espèces de poissons. La fragilité de cet appât demande cependant de la délicatesse dans la manipulation lors de l'eschage (voir schéma ci-contre).

toutes les espèces quand ils sont en pleine mue et que cette carapace vient à tomber. C'est à mon avis le meilleur appât, tant pour le bar que pour la daurade royale. Très fragiles, ils ne peuvent être conservés longtemps ainsi, la mue ne durant que quelques heures. On peut alors les congeler sans difficulté et il est certain qu'un crabe mou congelé sera plus prenant qu'un crabe dur vivant... sauf peut-être pour la daurade royale. Parmi les meilleurs crabes, on compte les crabes verts, les plus courants, tant pour le bar que pour les sars et les daurades; puis les patennes, ces petits crabes de sable jaunes, qui sont une base alimentaire régulière pour les bars. Les casse-pierres qui envahissent les rochers plaisent aussi aux sars et aux daurades et sont faciles à se procurer. Les autres catégories (tourteaux, araignées...) semblent moins prenants.

Plus l'appât est de petite taille, plus le montage devra être fin. On ne pêchera à la crevette qu'avec des hameçons de petite taille, fins de fer, et sur des fils ne dépassant pas 24/100. On pêchera ainsi essentiellement au flotteur coulissant, voire en direct, avec une seule cendrée de 1 à 2g. Ces pêches fines ne sont possibles que dans les ports et dans toutes les zones abritées. Si l'on utilise des appâts de plus grosse taille, des crabes en particulier, on pourra pêcher plus gros. Ainsi, en

Les amandes, très résistantes sur l'hameçon, font le régal des bars.
Photo Michel Lagenette

recherchant la daurade avec un crabe vert, on pourra monter au 30/100. Le bas de ligne sera un wishbone avec deux hameçons de 2/0. Le crabe aura été débarrassé de ses deux pattes supérieures et inférieures et les hameçons passeront par les orifices ainsi dégagés. La pêche au crabe mou est plus délicate. L'appât est très fragile et doit être consolidé par un élastique ou du fil à couture. On peut même éviter de piquer l'hameçon dans le corps du crabe en l'attachant sous le ventre du crustacé. Pour des pêches plus rapides, quand le banc est là, on se contentera de piquer plusieurs fois l'hameçon dans le corps du crabe, en faisant une boule de ses chairs molles. Le lancer devra toutefois être effectué en douceur du fait de la tenue délicate du crabe mou.

Les coquillages

Les coquillages sont faciles à se procurer. Même si on habite à distance de la côte, le poissonnier du quartier pourra toujours vous dépanner car, pour une fois, les hommes et les poissons s'accordent à ne consommer que des produits de première fraîcheur et il n'en est de tels que vivants.

On peut, bien évidemment, arpenter des kilomètres de plage pour faire sa provision de coques, couteaux, moules, palourdes..., mais il reste bien plus simple de s'adresser à son poissonnier local qui dispose de la plupart de ces espèces. Les coquillages, s'ils ne représentent pour moi qu'un appât secondaire, peuvent faire des malheurs quand ils correspondent à l'alimentation du moment pour les poissons que nous recherchons. C'est ainsi qu'un jour, disposant de différentes sortes de vers et autres appâts, je n'ai pu tirer mon épingle du jeu que parce que mes voisins pêcheurs m'avaient donné leur reste de coques, après avoir rempli leur sac de daurades royales. Ce jour-là, elles ne voulaient que ça ! La difficulté de pêcher avec des coquillages reste leur mauvaise tenue à l'hameçon. C'est particulièrement vrai pour les moules et on les utilisera essentiellement avec leur coquille (technique de la moule emboîtée) ou en faisant une boule avec plusieurs spécimens qu'on lancera délicatement à faible distance du bord.

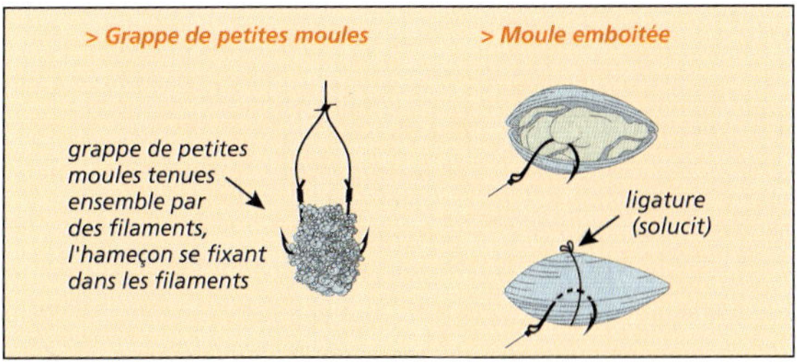

Différentes façons d'escher une moule.

Les coques

Elles résistent un peu mieux et peuvent être utilisées telles quelles, débarrassées de leur coquille, en deux ou trois exemplaires fixés sur le même hameçon. On augmentera leur tenue en les faisant ouvrir quelques minutes au feu et en conservant les chairs dans un bocal avec du gros sel. Les daurades en sont friandes. Il ne faut pas espérer conserver des coquillages au congélateur. Les différents exemplaires trouvés dans les rayons surgelés, peut-être à cause de leur conservation pas toujours naturelle, n'offrent que des appâts médiocres qu'on n'utilisera qu'en désespoir de cause.

Les couteaux, etc

Parmi les plus résistants des coquillages on trouve couteaux, ou solens, appréciés des daurades; les amandes, très résistantes, qui sont un régal pour les bars; et aussi les crépidules, coquillages qui se développent les uns sur les autres et qui envahissent littéralement certaines de nos côtes (Basse-Normandie, Bretagne, Charente, etc). Je ne parlerai pas des pholades, ô combien regrettées: un appât aussi prenant que le crabe mou, mais quasiment introuvable de nos jours.

On préférera les montages en potence, avec de petits hameçons à palette et tige courte pour les moules et les coques, alors que les couteaux seront fixés, entiers, avec ou sans leur coquille, sur des montages en stewart à deux hameçons n° 1 à 2/0. Ces chairs, en général très délicates et très sapides, attirent tout le fretin des environs et les hameçons sont vite nettoyés. D'où une surveillance permanente de la ligne et une vérification régulière des hameçons.

Pages suivantes
Les coques sont particulièrement appréciées des sparidés, mais aussi des bars, francs et mouchetés.
Photo Michel Lagenette

Types d'appâts		Printemps	Été	Automne	Hiver
POISSONNETS	athérines	*	**	***	*
	anchois	**	*	*	-
	chinchards	-	**	**	-
	lançons	*	**	***	-
	sardines	**	**	*	*
CÉPHALOPODES	casserons	-	-	***	*
	seiches	*	**	***	*
	encornets	*	***	**	*
	chipirons	*	***	***	*
COQUILLAGES	coques	-	**	***	*
	lavagnons	-	**	*	-
	couteaux	*	**	*	*
CRUSTACÉS	crevettes	*	*	**	***
	crabes mous	**	***	**	*
	crabes	*	**	*	-
VERS	arénicoles	*	*	**	***
	gravettes	*	**	**	*
	jumbos	*	**	**	*
	pestiches	*	**	***	*
	tubes	*	**	***	*

Répartition des meilleurs appâts selon les saisons.

Ci-contre

Savoir bien adapter son appât à la prise espérée, c'est se munir des meilleures chances de faire une pêche fructueuse.

Techniques de pêche en surfcasting

La pêche en surfcasting, ou au « lancer dans la vague », connaît des adeptes de techniques très différentes. Ainsi, certains puristes n'appellerons « surfcasting » que les seules pêches au lancer de leurres dans les rouleaux. Pour d'autres, il s'agit exclusivement de pêche aux appâts naturels, la ligne étant maintenue sur le fond par un plomb. Pêche plus statique où l'encombrement du matériel ne permet que des déplacements réduits. La technique peut être améliorée en utilisant des plombs qui permettent à la ligne de dériver lentement et de couvrir ainsi une plus grande surface, jusqu'à trouver le passage des poissons. Bref, il existe de multiples façons de traquer les poissons dans la vague et nous aborderons ici les principales.

Quelques précautions s'imposent au lanceur : avant chaque lancer, il doit s'assurer que sa ligne est « claire », que son fil n'a pas fait un tour sur la pointe du scion, cause immanquable de casse. D'autre part, à moins de disposer d'une solide expérience, on évitera de lancer à proximité d'autres pêcheurs, baigneurs ou simples promeneurs... un plomb lancé à pleine puissance pouvant être très dangereux.

Le néophyte imagine que le surfcasting consiste uniquement à lancer sa ligne dans les vagues et attendre que le poisson veuille bien mordre. Si cette technique reste d'actualité, ce n'est pas la seule et nous verrons qu'il en est de bien plus actives.

La pêche à poste fixe (ou pêche à la calée)

C'est la pratique la plus courante sur les plages. Le principe est simple : on esche (avec des appâts naturels, morts ou vivants) un bas de ligne d'un ou plusieurs hameçons et on lance, en général avec un lest en forme de grappin pour maintenir le montage en place. Il ne s'agit ensuite que d'attendre la touche qui se manifeste par des tirées sur le scion. Cette technique se distingue d'autres plus actives où le pêcheur se met en chasse et recherche le passage de poissons. Pour pêcher à poste fixe, on utilisera des grappins de préférence dégrafables et qui se désensablent plus facilement que les

Page de droite
Le surfcasting requiert un apprentissage pour être efficace lors du lancer.

Le lancer des gros appâts demande un matériel adapté et un geste étudié.

archaïques plombs à brins rigides. Châtaignes et étoiles conviennent souvent quand les courants ne sont pas trop forts, mais offrent une plus grande résistance à l'air et réduisent d'autant la distance de lancer. On les préférera malgré tout pour pêcher au traînard. Il s'agit de trouver, pour chaque partie de pêche, la meilleure adéquation entre forme et grammage du plomb pour permettre au montage de rester en place ou de dériver lentement. L'état de la mer, la force des courants, la poussée du vent et la présence d'algues sont autant d'éléments à prendre en compte.

La pêche à reculer

Il s'agit ici de rechercher les beaux poissons avec des appâts de belle taille, les céphalopodes en l'occurrence. On lancera donc une ligne « à gros » armée d'un ou deux hameçons 6/0 à 10/0, piquant une seiche, un encornet ou un casseron, de préférence dans le goulet d'entrée d'une baïne qui se dessine à marée basse. Quand le flot se met en marche et que l'eau se rapproche de la canne, il suffit de reculer celle-ci d'une dizai-

ne de mètres, en desserrant le frein du moulinet. Ce geste sera répété autant de fois que nécessaire, jusqu'à la touche qui peut se produire à n'importe quel moment de la marée. Une telle ligne peut rester en pêche pendant plusieurs heures, avec l'avantage de présenter l'appât à bonne distance de la côte, jusqu'à 200 m, voire plus. Cette technique, idéale pour prendre de beaux poissons sur la côte atlantique, n'est pas toujours possible : un vent trop fort, des courants violents, des paquets d'algues, de goémon ou d'herbes marines, qui s'agglutinent sur le fil… et la ligne se met à dériver jusqu'à se retrouver sur le bord. On réservera donc les pêches à reculer pour les mers belles à peu agitées, sans courants forts, ni herbes.

Après un léger balancement du bas de ligne, le pêcheur fouette vers le large pour amener l'appât à passer par-dessus sa tête et à filer vers le large.

La pêche à dériver

Cette technique de pêche à la dérive offre l'intérêt de faire se déplacer notre montage sur plusieurs dizaines de mètres, balayant ainsi une surface plus grande et offrant plus de chances de trouver les poissons. Elle permet aussi de stimuler leur attaque en présentant un appât très mobile, porté par le

Moment de convivialité propre à la pêche en surfcasting.

Photo Guy-Marie Renié

Joli pagre pris par mer calme, mi-avril.

courant. On utilisera une plombée évitant un trop fort ancrage dans le sable. Le poids, mais aussi la forme du plomb, donneront au montage une plus ou moins grande accroche au sol. Par ordre inverse de résistance à la traction des vagues, citons : les olives, les plombs bombe style Arlesey, les plombs palangre, les plombs montre, les plombs plats coulissants à ergots, les châtaignes, les étoiles, les grappins dégrafables, les grappins à branches fixes. Pour pêcher en dérive, on utilisera de préférence des plombs aux moindres aspérités et dont le seul poids permet à la ligne de dériver lentement. On s'en tient en général aux olives, plombs bombe, Arlesey, palangres et montres. Si l'on souhaite pêcher en dérive, on y consacrera la seule canne en aval du courant, au risque de passer sa soirée à jouer les détricoteurs de Nylon avec vos autres lignes ou, pire, celles de vos voisins. La zone à explorer correspond à l'espace balayé par le bas de ligne, soit un arc de cercle d'environ 90°. Si l'impact de lancer est à 100 m, les appâts évolueront sur une cinquantaine de mètres. C'est ce qui s'appelle « ratisser large » ! Cette ligne suppose une attention permanente de la part du pêcheur et une mobilisation de tout instant. Il est important de bien repérer dans quelle zone se produisent les touches, ce qui permettra de régler les lancers suivants.

La pêche au lancer-ramener

Très proche de la technique précédente, le lancer-ramener est en fait la véritable pêche au lancer en bord de mer. Elle est faite avant tout pour la pêche aux leurres, mais elle peut être utilisée avec succès sur des montages identiques à la pêche en dérive et en eschant des appâts naturels : lançons, vers, languettes de seiche, etc. Le principe, des plus simples, consiste à lancer une ligne plombée à bonne distance et de ramener en faisant « vivre » son leurre ou son appât, en moulinant irrégulièrement et en donnant quelques mouvements à sa canne pour stimuler l'attaque des prédateurs.

Les montages sont les mêmes que pour la pêche en dérive lente et la plombée sera à peine plus légère, proportionnelle aux courants et aux vents. L'esche idéale reste le lançon ou l'équille, et fixée sur un montage stewart à deux hameçons 2/0 et une empile d'au moins 2 m. Celle-ci sera aboutée au corps de ligne ou à l'arraché par un pater-noster qui lui donnera toute la souplesse et la vivacité souhaitée. À la différence de la pêche aux leurres où l'on va plutôt dandiner, on se contentera ici de lancer le plus loin possible et de ramener régulièrement, très lentement, en donnant quelques tirées vives et brèves pour animer le vif. Une languette de céphalopode, seiche ou encornet, peut être efficace si elle est bien formée, taillée en une longue pointe de 15 cm de long et de 3 cm pour la partie la plus large. La languette doit s'agiter comme un poissonnet dans la vague et à son mouvement s'ajoutera l'odeur, stimulus supplémentaire pour convaincre le chasseur de mordre. La pêche au lancer-ramener est une pêche active, qui permet d'explorer des kilomètres de plage, jusqu'à trouver le passage des poissons. Et quand la chose se produit, les résultats peuvent être étonnants. Un pêcheur au lancer peut faire en deux heures autant, sinon plus de bars, qu'une pêcheur à poste fixe en une nuit entière.

	Bar	Dorade	Congre	Sole	Sar	Raie
Habitat	vagues, ports, courants, lagunes, estuaires	lagunes, chenaux sableux, parcs ostréicoles	roches, épaves, ouvrages sur la mer	baïnes, chenaux sableux	vagues	fonds sableux et profonds
État de la mer	agitée, rouleaux réguliers et prononcés, courant, écume	belle à peu agitée	belle avec courant faible	belle avec peu ou pas de courant	belle à forte	belle sans courant
Moments privilégiés de la marée	tous	étales	étales et descendants	étales et montants	tous	étales et montants
Moments privilégiés du jour	soir et nuit	jour et nuit	soir et nuit	nuit	nuit	nuit
Postes préférés	sorties de baïnes, pieds de roches	fosses, parcs ostréicoles	rochers, jetées, épaves	sorties de baïnes	vagues	chenaux sableux
Appâts	lançons, vers, seiches	crabes, vers, coquillages	sardines, seiches	vers bleus, arénicoles	vers, chipirons	éperlans, lançons, athérines
Empiles	baladeur simple, empile courte	traînard coulissant	empile courte coulissante sur cassant	baladeur long et coulissant	empiles courtes	traînard coulissant
Hameçons	1/0 à 6/0 droit et fin de fer (vers, lançons), octopus (seiches)	2 à 2/0 renversé, tige courte, fort de fer	5/0 à 8/0 octopus	1/0 à 3/0 droit et fin de fer	1 à 2/0 renversé, tige courte	3/0 à 8/0 octopus
Plombs	80 à 200 g	40 à 100 g	50 à 100 g	60 à 120 g	80 à 200 g	50 à 150 g

Synthèse des techniques pour la pêche en surfcasting.

CI-CONTRE

L'attente est parfois longue, mais les belles prises n'en sont que plus belles récompenses.

Réglementation

La pêche en bord de mer est un espace de liberté auquel nous tenons. S'il n'y a pas encore de permis de pêche pour le surfcasting, la taille des poissons de mer est réglementée. Nous présenterons ici les limites de capture de la plupart des espèces rencontrées sur la côte atlantique et nous ne pouvons qu'insister sur leur respect par les amateurs que nous sommes. Même si la prédation que nous représentons est loin de celle réalisée par les professionnels, il s'agit de montrer l'exemple et d'apprendre à nos enfants. Je ne pourrais donc que répéter, mais avec fermeté, que tout poisson en deçà de sa taille de capture légale est un immature et doit être remis dans son élément, mort ou vif.

D'autre part, la pêche en bord de mer est définie légalement par le décret n° 90-618 du 11 juillet 1990 relatif à l'exercice de la pêche maritime de loisir. L'article premier indique : « Est considérée comme pêche maritime de loisir la pêche dont le produit est destiné à la consommation exclusive du pêcheur et de sa propre famille et ne peut être colporté, exposé ou vendu. » À bon entendeur… Des contrôles ont lieu parfois, de plus en plus fréquemment selon les régions, mais ne sont malheureusement pas assez généralisés. Il est important toutefois de savoir que tout contrevenant risque une amende de 450 à 23 000 euros en plus de la saisie de son matériel.

Tailles réglementaires

- Alose : 30 cm
- Anguille : 22 poissons/kilo
- Bar : 36 cm
- Cabillaud (morue) : 35 cm
- Congre : 58 cm
- Dorade grise : 23 cm
- Dorade royale : 19 cm
- Flet : 25 cm
- Lieu jaune : 30 cm
- Lingue : 63 cm
- Maquereau : 30 cm
- Merlan : 27 cm
- Merlu : 30 cm
- Mulet : 20 cm
- Pagre : 20 cm
- Plie : 25 cm
- Raie : 36 cm
- Rouget de roche : 15 cm
- Sar : 15 cm
- Saumon : 50 cm
- Sole : 24 cm
- Turbot : 30 cm

La daurade royale, trophée parmi les trophées.

Photo Michel Lagenette

Glossaire

Action de canne : façon dont se comporte la canne sur la tirée d'un poisson.

Américains : vers d'importation, distribués en boîte cartonnée. De couleur rose, très sanguins, ils se vident rapidement à la moindre blessure. Eschage à l'aiguille obligatoire. Excellents pour les sparidés et les mulets.

Appât : ou esche, ensemble des animaux ou morceaux d'animaux utilisés pour la pêche (vers, céphalopodes, crustacés, coquillages).

Ardillon : partie de la pointe de l'hameçon qui retient la prise et évite qu'elle se défasse.

Arénicoles : vers des fonds sablo-vaseux très appréciés des bars, soles et sparidés. Se repèrent par leurs déjections en forme de tortillons en spirale sur le sable.

Arlesey (plomb d') : plomb en forme de poire (petit grammage).

Arraché : partie terminale du corps de ligne. De section très supérieure, il permet des lancers appuyés et le jet de plombées lourdes.

Ascenseur : voir baladeur.

Avançon, ou empile : partie de la ligne portant le ou les hameçons.

Back-cast : technique de lancer dos à la mer permettant des jets à longue distance.

Baïne : découpe de la plage en forme de trou, à fort dénivelé et drainant des courants parfois violents. Chaque année, par imprudence, des baigneurs se font emporter par ces courants qui tirent vers le large dans une direction nord est/sud-ouest.

Baladeur, ou ascenseur : empile longue fixée à bonne hauteur au-dessus du plomb.

Bibis, ou siponcles : vers marins épais en forme de petites saucisses rose pâle, très appréciés des sparidés.

Blank : partie tubulaire de la canne.

Bobine : partie du moulinet qui contient le fil à lancer. Certaines dites « long-cast » sont profilées de façon conique et permettent des lancers à bonne distance. La bobine, ou tambour, est fixe ou tournante, selon les modèles de moulinets.

Buldo : bulle en plastique transparent pouvant se remplir d'eau et permettant la pêche avec certains leurres.

Bulrag : même type d'accessoire

en plastique plein et flottant.

Calée (pêche à la): pêche d'attente.

Canthère: griset.

Céphalopode: famille de mollusques très utilisés comme appâts en surfcasting et comprenant essentiellement les seiches, les encornets et les poulpes.

Châtaigne: plomb à ergots offrant une bonne accroche dans le sable.

Coefficient: variable astronomique définissant l'attraction conjuguée lune-soleil et représentant une unité de variation des hauteurs d'eau en un lieu donné.

Corps de ligne: partie principale de la ligne représentée par le fil sur la bobine et celui lancé.

Coulisseau: accessoire en métal ou en plastique permettant à l'empile de coulisser sur le plomb.

Couloir: partie creusée de la plage, sans goulet ni platin, de bonne longueur et pleine d'eau à marée basse.

Cx: coefficient de pénétration dans l'air.

Cyalume: accessoire en plastique contenant un liquide qui devient fluorescent la nuit et permet d'indiquer les touches.

Émerillon: accessoire métallique permettant de relier deux fils entre eux, de fixer une cuiller, etc...

Empile: voir avançon.

Esche: voir appât.

Estran: partie de la plage découverte à marée basse.

Étale: moment de la marée où l'eau ne recule plus (marée basse) ou ne monte plus (marée haute).

Flux: marée montante.

Frein: partie du moulinet sous forme de vis permettant de régler le dévidement du fil.

Goulet: partie la plus creusée de la baïne et par où celle-ci se remplit à marée montante.

Grappin: plomb muni de griffes permettant de s'ancrer dans le sable et de résister aux mouvements des eaux.

Hélicoptère (montage en): montage rotatif permettant à l'empile de tourner autour du corps de ligne et d'éviter les vrillages.

Houle: mouvement de la mer créé par des dépressions au large et à l'origine de la forme et de la puissance des rouleaux.

I.G.F.A.: International Game Fishing Association.

Jumbos: vers d'importation de type néréides, très prenants pour les bars et les soles.

Jusant: marée descendante.

Lbs: livres en anglais (2 lbs = 1 kg).

Leurre: accessoire en plastique ou en métal simulant une proie

PAGE DE GAUCHE

Une fois la ligne lancée, le pêcheur doit régler son frein correctement.

PAGE DE DROITE
Dès que la touche se manifeste, le pêcheur se précipite sur la canne, prêt à ferrer.

potentielle pour les poissons chasseurs.

Machotte : crustacé des sables qui constitue un excellent appât.

Mitraillette : ensemble de plusieurs hameçons agrémentés de plumes et faisant office de leurres.

Monofilament : fil utilisé en surfcasting composé d'un seul brin.

Mortes eaux : période où les marées sont à leurs coefficients les plus bas.

Multifilaments : fils tressés composés de plusieurs brins de matériaux parfois différents.

Octopus : hameçon de forme courbe destiné à recevoir de belles bouchées.

Œillet, ou anneau : partie creuse d'un hameçon ou d'un émerillon sur laquelle le fil va être fixé.

Ophélies : petits vers de sable dits vers bleus très appréciés des soles et des marbrés.

Paeta : leurre pour les thonidés utilisé sur la côte basque.

Palangre : type de plomb profilé pour des pêches légères.

Palette : partie plate de la tige de l'hameçon destinée à bloquer la ligature.

Palomar : l'un des meilleurs nœuds d'attache des hameçons à œillet et des émerillons.

Pater-noster : émerillon en croix.

Pendulaire : technique de lancer consistant en plusieurs balancés de la ligne et permettant des jets très puissants.

Pholade : coquillage à la chair fluorescente, excellent appât pour le bar (Pays basque).

Pick-up : partie rabattable du moulinet.

Pique : support de canne planté dans le sable.

Pistiches : vers des fonds vaseux très appréciés de toutes les espèces du littoral.

Platin : partie surélevée de la baïne, découverte à marée basse.

Pointe : avancée de sable vers le large séparant souvent deux baïnes.

Potence : système traditionnel de fixation des empiles.

Knight (John A.) : inventeur des tables « solunaires » qui expliquent les effets de la lune sur la pêche.

Réflecto : adhésif réfléchissant très utile la nuit.

Ridain : partie de sable découverte à marée basse et formant des sortes de rides de sable.

Scion : partie supérieure de la canne.

Sparidés : famille de poissons (dorade, sar...).

Spigot : système d'emmanchement des cannes, la partie mâle appartenant à l'élément le plus gros.

Stewart: montage à deux hameçons superposés pour fixer des esches allongées (céphalopodes, poissons...).

Sud-africain: technique de lancer proche du back-cast.

Tambour: partie fixe ou mobile du moulinet déterminant deux techniques de lancer différentes.

Teaser: leurre artificiel.

Tip-light: système d'éclairage des scions à partir de diodes et de piles.

Tombant: partie verticale de la baïne longée par les poissons à la marée montante.

Traînard: montage d'une empile longue fixée 20 cm au-dessus du plomb et laissant l'appât traîner sur le fond.

Vers à tube: vers marins des fonds vaseux ou sablo-vaseux vivant dans un tube qu'ils fabriquent à partir de leur mucus et de sable. Très appréciés par de nombreuses espèces.

Vers miracle: vers longs et fins vivant sous les roches et très efficaces au Pays basque.

Vives eaux: moment où les marées sont à leurs coefficients maximaux.

Wishbone: montage de deux hameçons en parallèle destinés à fixer un crabe ou une belle bouchée de vers (utilisable essentiellement en traînard).

La prise n'est pas toujours exceptionnelle, mais le plaisir, si !

Table des matières

Les tableaux

Crédit photographique

Sauf mention contraire, toutes les photographies sont de l'auteur.
Les dessins p. 125 sont de Dominique Béraud.
Les dessins p. 75 sont de Jeanne Sicre.